I'R GAD

HANNER CANRIF O BROTESTIO DROS Y GYMRAEG

GOLYGYDD/ARWEL VITTLE

y Lolfa

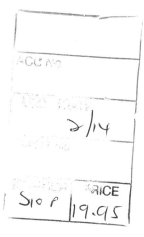

Argraffiad cyntaf: 2013

© Hawlfraint yr awduron a'r ffotograffwyr unigol a'r Lolfa Cyf., 2013

Mae hawlfraint ar gynnwys y llyfr hwn ac mae'n anghyfreithlon i lungopïo neu atgynhyrchu
unrhyw ran ohono trwy unrhyw ddull ac at unrhyw bwrpas (ar wahân i adolygu) heb
gytundeb ysgrifenedig y cyhoeddwyr ymlaen llaw

Dymuna'r cyhoeddwyr gydnabod cymorth ariannol
Cyngor Llyfrau Cymru

Llun y clawr blaen: Geoff Charles
Cynllun y clawr: Sion Ilar

Rhif Llyfr Rhyngwladol: 978-1-84771-815-0 (clawr meddal)
978-1-84771-718-4 (clawr caled)

Argraffwyd a chyhoeddwyd yng Nghymru gan
Y Lolfa Cyf., Talybont, Ceredigion SY24 5HE
gwefan www.ylolfa.com
e-bost ylolfa@ylolfa.com
ffôn 01970 832 304
ffacs 832 782

CYNNWYS

DAL Y FOMENT CHWYLDROADOL

Darlun du a phesimistaidd o ddyfodol y Gymraeg a beintiwyd gan Saunders Lewis yn ei ddarlith radio enwog yn Chwefror 1962: 'Mi ragdybiaf hefyd y bydd terfyn ar y Gymraeg yn iaith fyw, ond parhau'r tueddiad presennol, tua dechrau'r unfed ganrif ar hugain...' Ond os oedd y diagnosis yn dywyll roedd y presgripsiwn yn heriol, oherwydd 'nid dim llai na chwyldroad' oedd adfer y Gymraeg a dim ond un driniaeth bosib oedd ar gael: 'Trwy ddulliau chwyldro yn unig y mae llwyddo.'

Flwyddyn yn ddiweddarach roedd rhai o bobl ifanc Cymru wedi ymateb i'r her a thorri'r gyfraith o blaid y Gymraeg ar Bont Trefechan yn oerfel rhewllyd Chwefror 1963. Esgorodd hynny ar ddegawdau o weithredu tebyg. Roedd y dulliau, os nad y canlyniad terfynol, yn chwyldroadol, ac fe ddefnyddiwyd protestio, gwrthdystio a thorcyfraith fel arfau politicaidd o blaid sicrhau dyfodol i'r Gymraeg a'i chymunedau. Roedd camerâu rhai o ffotograffwyr amlycaf Cymru yno i gofnodi'r gwrthdaro.

Y CAMERA FEL TYST

Yn aml, y llun cofiadwy yw'r peth arhosol ar ôl i'r digwyddiadau bylu yn y cof neu wrth i'r atgofion chwalu. Yn nwylo (a llygaid) y tynnwr lluniau medrus fe all ffotograff rewi angerdd emosiwn y digwyddiad neu'r brotest a'i drosglwyddo i gynulleidfa yfory. Yn y lluniau hyn mae'r camera'n dyst i gyfnod arbennig ac yn dal y munudau allweddol i genedlaethau'r dyfodol.

Yn 1952 cyhoeddodd Henri Cartier-Bresson, un o arloeswyr ffotograffiaeth yn yr ugeinfed ganrif, ei lyfr *Images à la sauvette*. Rhydd-gyfieithiad Cymraeg o'r teitl fyddai 'Lluniau wedi'u Cipio', ond yn Saesneg fe'i cyfieithwyd fel *The Decisive Moment*, ac mae rhagair Cartier-Bresson yn tanlinellu'r pwynt athronyddol nad oes dim yn y byd nad oes ganddo ei 'foment dyngedfennol'. Ehangodd hynny i'w athroniaeth fel tynnwr lluniau. Yn ôl Cartier-Bresson, mae yna hanner eiliad creadigol hanfodol wrth dynnu'r llun, a bryd hynny mae'n rhaid i lygad y ffotograffydd weld y 'foment dyngedfennol', oherwydd os collir y foment honno bydd wedi mynd am byth.

A dyna, i raddau, a bortreadir rhwng y cloriau hyn – yr hanner eiliadau hynny dros yr hanner canrif diwethaf lle llwyddodd rhai o ffotograffwyr gorau eu cyfnod i ddal y 'foment chwyldroadol' pan ddaeth cenhedlaeth o Gymry Cymraeg i wrthdaro yn erbyn y wladwriaeth Brydeinig a cheisio newid tynged eu hiaith.

FFOTOGRAFFWYR Y 'CHWYLDRO'

Cyfrannodd sawl ffotograffydd i'r gyfrol hon, ac yn eu plith rai o enwau blaenllaw'r maes yng Nghymru dros y degawdau diwethaf fel **Gerallt Llewelyn**, **Jeff Morgan** ac **Arvid Parry Jones**. Tynwyr lluniau ydynt y mae eu gwaith wedi ymddangos yn rheolaidd yn y wasg Gymraeg a Chymreig. Mae'r rhan helaethaf o'r delweddau, serch hynny, yn gasgliadau o waith tri ffotograffydd a fu'n dilyn y protestiadau'n gyson, sef **Geoff Charles**, **Raymond Daniel** a **Marian Delyth**.

Roedd **Geoff Charles** yno ar Bont Trefechan gyda'r protestwyr ar 2 Chwefror 1963, ac mae ei luniau o ddigwyddiadau'r diwrnod yn gampwaith o ffoto-newyddiaduraeth. Brodor o'r Brymbo oedd Geoff, meistr ffoto-newyddiaduraeth Gymreig ac arloeswr yn y maes. Er gwaethaf ei gefndir di-Gymraeg, meistrolodd yr iaith a bu'n bresennol yn sawl un o ddigwyddiadau mawr yr ugeinfed ganrif yng Nghymru, o drychineb pwll glo Gresffordd i frwydr Tryweryn. Cyffyrddwyd ef i'r byw gan yr hyn a ddigwyddodd i drigolion Capel Celyn a defnyddiodd ei gamera i gofnodi'r ymgyrch i newid meddwl corfforaeth Lerpwl a pheidio boddi'r cwm. Mae ei luniau o drigolion Capel Celyn yn gadael eu bro yn bortreadau dirdynnol.

Dyma ei ddisgrifiad o'r brotest gyntaf honno ar y bont, y gwnaeth ei ffotograffau gymaint i'w hanfarwoli: 'Roedd 'na rywbeth diniwed yn y peth rywsut, wrth i blant Cymru ddod i Aberystwyth ar ddiwrnod dychrynllyd o oer ac eira ar y ffyrdd. Y peth mwyaf trist oedd gweld criw o bobl ifanc yn gosod posteri ar y Swyddfa Bost yn Aberystwyth a chriw o lanciau'r dre yn eu tynnu nhw i lawr. Roedd ieuenctid Cymru wedi eu rhannu, un hanner yn ceisio dinistrio'r hyn roedd yr hanner arall yn ceisio'i wneud ar gost fawr iddyn nhw'u hunain. Ar y bont roedd pobl yn

Emyr Llywelyn yng Nghilmeri, Gorffennaf 1969. (Raymond Daniel)

ceisio gwthio'r protestwyr o'r ffordd efo'u ceir. Roedd un brotestwraig wedi cael ei tharo'n anymwybodol, a'r heddlu'n gwneud dim. Ro'n i'n gwybod, rywsut, bod rhywbeth mawr yn digwydd ac y byddai effaith hyn ar Gymru am amser hir iawn.'

Am y degawd wedi hynny bu Geoff Charles yn dilyn hynt a helynt yr ymgyrchoedd, gan gynhyrchu campweithiau cofiadwy fel lluniau protest Helynt Hailsham ym Mangor yn 1972, lle mae'n llwyddo'n rhyfeddol i ddal cynnwrf torfol y foment. Yn ôl Llion Griffiths, ei olygydd yn Y *Cymro* ar y pryd, roedd ganddo gydymdeimlad greddfol â'r protestwyr: 'Ar ôl pob protest mi fyddai ar y ffôn yn dweud ei fod "wedi cael llun da o'r bois".' Mewn cyfweliad â'r newyddiadurwr Ioan Roberts ar ei ymddeoliad yn 1975 dywedodd Geoff Charles, 'Y dewrder newydd yn ein pobl ifanc yw'r peth pwysicaf a ddigwyddodd yng Nghymru tra bûm i ar staff Y *Cymro*.'

Un o Landdewi Brefi yw **Raymond Daniel**, a go brin fod neb wedi dal cyffro cymdeithasol chwil y chwedegau a'r saithdegau cynnar yng Nghymru gystal ag ef. O luniau cewri rygbi'r saithdegau i bortreadau sêr newydd y byd pop Cymraeg, dawn Raymond Daniel oedd rhewi bwrlwm cynhyrfus y foment yn y llun. Ar ben hynny ceir elfen gref o ddychan, hiwmor ac ymdeimlad o'r absŵrd yn rhai o'i luniau, sy'n ychwanegu at eu hapêl. Mae ar ei orau yn dal naws protestiadau Cymdeithas yr Iaith, ac mae ei luniau o achosion llys yr ymgyrch arwyddion ffyrdd yn 1971 yn enghreifftiau rhagorol o ffoto-newyddiaduraeth, gan gyfleu angerdd, ffyrnigrwydd a hiwmor y gwrthdaro fel ei gilydd. Mae rhai o'i luniau enwocaf ymysg delweddau mwyaf eiconig y cyfnod – fel Emyr Llywelyn

yn areithio yng Nghilmeri yn 1969, Nan Bowyer yn gorymdeithio yng Nghaerdydd yn 1970 ac Eryl Owain yn neidio ag arddeliad ar ben arwydd yn Aberystwyth yn 1971. Fel Geoff Charles, un o ddoniau pennaf Raymond Daniel yw'r gallu i ymdoddi i'r cefndir, dawn werthfawr dros ben i ffotograffydd. Er iddo gael ei amau o weithio i'r heddlu ar un adeg yng nghanol berw gwyllt y cyfnod, mae'n amlwg o'r lluniau lle gwelir yr heddlu yn arestio degau o aelodau'r Gymdeithas bod cydymdeimlad Raymond Daniel yn ddiamau gyda'r protestwyr. Yn ei ffotograffau ymdeimlir ag egni, bwrlwm a chynnwrf awr fawr y 'chwyldro'.

Ffotograffydd arall o Geredigion, ac un arall y mae ei chydymdeimlad a'i hanian ar ochr y mudiad iaith, yw **Marian Delyth**. Bu'n bresennol yn llawer o brotestiadau a gwrthdystiadau'r cyfnod diweddar, o ymgyrchoedd Deddf Iaith a Deddf Eiddo Cymdeithas yr Iaith i sefydlu Cymuned a ralïau mwy diweddar ar risiau Senedd y Cynulliad Cenedlaethol ym Mae Caerdydd. Daw ei diffuantrwydd a'i hymrwymiad hithau i'r amlwg drwy ei ffotograffau, wrth iddi ganfod ffyrdd gwahanol a gwreiddiol o gyfleu stori a oedd mewn perygl o fod yn rhy gyfarwydd i'r gynulleidfa.

Mae Don McCullin, y ffoto-ohebydd nodedig o Loegr, yn pwysleisio pwysigrwydd teimlad wrth dynnu llun: 'Nid edrych yw ffotograffiaeth i mi, ond teimlo. Os na allwch chi deimlo'r hyn yr ydych yn edrych arno, yna nid ydych yn mynd i gael pobl eraill i deimlo dim wrth edrych ar eich lluniau.' Felly hefyd yng ngwaith Marian Delyth, a sawl un arall o'r tynwyr lluniau yn y llyfr hwn. Er ei bod yn ymdoddi i'r cefndir wrth wneud ei gwaith, fe welir y cydymdeimlad creiddiol hwnnw sydd ganddi â'r bobl ar ochr arall y lens. Yn ei lluniau gwelir y newid a fu yn natur yr ymgyrchu drwy ddyddiau tywyll yr wythdegau hyd at ddegawd cyntaf yr unfed ganrif ar hugain. Dros y cyfnod, wrth i'r hinsawdd boliticaidd newid, gwelwyd symudiad o wrthdaro a phrotestio torfol i waith caib a rhaw lobïo a chanfasio. Os yw naws a thestun lluniau mwy diweddar Marian Delyth yn fwy myfyriol a goddefol, yna'n ddiau y rheswm pennaf am hynny yw'r newid a fu yng nghyd-destun gwleidyddol Cymru yn y degawdau diwethaf, yn enwedig 'Gymru Newydd' a ddaeth i fod yn sgil canlyniadau'r ddau refferendwm yn 1997 a 2011 a sefydlu'r Cynulliad.

Ochr arall y geiniog i'r ffotograffwyr, fel y tri uchod, a fedrai uniaethu â'r gwrthdystwyr oedd ffotograffwyr yr awdurdodau – tynwyr lluniau'r heddlu, a gwasanaethau cudd oedd yn gweithio ar 'ochr arall y ffens'. Mae'r ffotograffau sydd yma o'r helyntion a gafwyd ar ddiwedd y saithdegau yng Ngholeg Prifysgol Gogledd Cymru Bangor, ac sydd bellach ym meddiant archif Prifysgol Bangor, yn rhoi cip i ni ar rai o'r lluniau hyn. Ffotograffau ydynt a dynnwyd gan awdurdodau'r coleg ar y pryd, er mwyn ceisio darganfod pwy oedd y drwgweithredwyr a'r anogwyr yn rhengoedd UMCB (Undeb Myfyrwyr Colegau Bangor) adeg protestiadau mawr yr undeb Gymraeg yn erbyn Seisnigo Gwynedd gan bolisi'r coleg o ehangu'n ddi-baid. Mae'r lluniau hyn yn agoriad llygad ac yn ymdebygu i luniau o ffeiliau asiantaethau ysbïo cudd dwyrain Ewrop y cyfnod – fel pe bai cangen o'r Stasi wedi'i thrawsblannu i'r Coleg ar y Bryn.

Erbyn heddiw, fel y noda Marian Delyth yn ei hysgrif, mae chwyldro technolegol yr oes ddigidol yn golygu bod modd i bawb fod yn ffoto-newyddiadurwyr drwy gyfrwng camerâu eu ffonau symudol a'u cyfrifiaduron. A fydd hynny'n golygu diwedd y ffotograffydd fel newyddiadurwr? Efallai ei bod yn rhy gynnar i ateb y cwestiwn hwnnw, ond yn y cyfamser mae'r ffotograffau yn y llyfr hwn yn dystiolaeth o ymrwymiad y tynwyr lluniau i'w crefft ac i ymlyniad cenhedlaeth o Gymry i ddyfodol eu cenedl a'u hiaith.

BRWYDR CENHEDLAETH

Nid brwydr un mudiad yn unig a welir yn y lluniau hyn ond brwydr cenhedlaeth. Er bod Cymdeithas yr Iaith Gymraeg yn chwarae rhan ganolog yn y cyfan mae yma gofnod o symudiadau a mudiadau eraill megis Adfer, Cefn, Cymuned, Cylch yr Iaith ac undebau myfyrwyr UMCA ac UMCB. Yn y frwydr hon roedd arweinwyr yn bwysig, a gwelir portreadau o sawl un ohonynt yma, ond yr hyn sy'n fwyaf trawiadol o bori drwy'r ffotograffau yw parodrwydd cannoedd o bobl ifanc i wynebu llysoedd, barnwyr a phlismyn y wladwriaeth Brydeinig.

Oes aur gweithredu torcyfraith dros y Gymraeg oedd y blynyddoedd rhwng 1971 ac 1980. Yn y cyfnod hwnnw, ymddangosodd yn agos at 900 o unigolion gerbron y llysoedd a charcharwyd 146 am eu rhan mewn protestiadau a gweithredu torcyfraith o blaid yr iaith. (Mewn gwrthgyferbyniad, yn y 10 mlynedd diwethaf, Osian Jones, Jamie Bevan, Ffred Ffransis a Gwenno Teifi yw'r unig aelodau o Gymdeithas yr Iaith a fu yn y carchar.) Mae'n naturiol felly bod y rhan helaeth o luniau cofiadwy a dramatig y gyfrol hon yn dod o'r cyfnod cynnar yma.

Mae dilyn y ffotograffydd a'r digwyddiadau eiconig hefyd yn anochel yn golygu nad cronicl hanesyddol manwl a geir yma, ond yn hytrach cyfres o ddelweddau ffotograffig o ddigwyddiadau allweddol sy'n adrodd stori hanner canrif o lwyddiannau a methiannau, gwrthdaro a gweithgarwch ymgyrchwyr iaith. Amhosib fyddai cynnwys pob mudiad, rali, protest ac achos llys, ac am yr un rheswm mae rhai unigolion a wnaeth gyfraniad mawr i'r frwydr yn absennol o'r lluniau. Yn ogystal â hyn, roedd natur rhai gweithredoedd torcyfraith yn golygu nad oes cofnod ffotograffig ar gael o falu arwyddion, meddiannu tai haf, peintio sloganau, dryllio swyddfeydd y Blaid Geidwadol na diffodd mastiau teledu yng nghanol Lloegr.

Llyfr o luniau gwleidyddol yw hwn, felly, ond nid llyfr o luniau propaganda mohono. Er gwaethaf cefndir torfol cynhyrfus llawer o'r golygfeydd a ddarlunnir, tynnir ein sylw at doreth o fanylion dynol – emosiwn y protestwyr, osgo'r heddlu ac ymateb y rhai sydd ar gyrion y digwydd – a'r manylion hynny yn aml iawn sy'n creu'r argraff ddyfnaf. Fel y dywed Cartier-Bresson, 'Mewn ffotograffiaeth, fe all y peth lleiaf fod yn destun mawr. Gall y manylion dynol lleiaf ddod yn leitmotif.' A thrwy lygaid camerâu'r ffotograffwyr yma, amlygir y manylion dynol hynny, gan roi golwg i ni ar sawl moment chwyldroadol dros yr hanner canrif diwethaf.

Arwel Vittle
Medi 2013

CAPTURING THE REVOLUTIONARY MOMENT

Renowned dramatist and veteran nationalist Saunders Lewis painted a pessimistic picture for the future of the Welsh language in his famous radio lecture of February 1962, *Tynged yr Iaith* (The Fate of the Language). He foresaw its end as a living language by the beginning of the twenty-first century. The situation was so dire, he asserted, that only one way of saving the language remained, and that was to adopt revolutionary methods.

A year later on Trefechan Bridge, Aberystwyth, on an icy cold February day, some of Wales's youth responded to this challenge and took to the streets in support of the Welsh language. These audacious protests gave rise to five decades of similar acts of civil disobedience and direct action. The means, if not the ends, were revolutionary and campaigning and law-breaking were used as political tools to ensure the future of the Welsh language and its communities. The best photographers and photo-journalists of their day were there to capture these nation-changing events, including Geoff Charles, Raymond Daniel, Marian Delyth, Gerallt Llewelyn, Jeff Morgan and Arvid Parry Jones. Through the eye of their cameras, some of the most significant revolutionary moments of the past half century were captured for future generations.

'Y BROTEST GYNTA' I GYD'

PONT TREFECHAN A CHYCHWYN ARNI

Ar 2 Chwefror 1963 ataliwyd y traffig ar Bont Trefechan gan fyfyrwyr o golegau Aberystwyth a Bangor yn bennaf. Roedd hyn flwyddyn wedi darlith radio *Tynged yr Iaith* Saunders Lewis. Y syniad gwreiddiol oedd ymgynnull yn yr Home Café, Aberystwyth, cyn symud ymlaen i lynu posteri ar hyd adeilad Swyddfa Bost y dref, gan dybio y byddai'r heddlu yn rhoi gwŷs i'r protestwyr a'r protestwyr wedyn yn mynnu cael gwŷs Gymraeg. Ond anwybyddwyd y brotest gan yr heddlu. Felly, ar ôl methiant y brotest gyntaf dychwelodd y protestwyr i'r Home Café a thrafod y cam nesaf. Cafwyd dadl frwd a pheth anghytuno ynglŷn â hyn, ond yn y diwedd penderfynodd nifer sylweddol fynd draw i Bont Trefechan er mwyn ceisio rhwystro'r traffig. Er na chafodd neb ei arestio, fe gafodd y weithred gryn sylw a rhoi cychwyn ar ymgyrchu anghyfansoddiadol torfol dros y Gymraeg.

THE SHAPE OF THINGS TO COME

On 2 February 1963, a year after dramatist and activist Saunders Lewis's radio lecture regarding the future of the Welsh language, students from Aberystwyth and Bangor universities stopped traffic from entering Aberystwyth town across Trefechan Bridge. Although nobody was arrested, this political act received a great deal of publicity and marked the start of a period of mass protests and civil disobedience campaigns by Welsh-language activists.

AR BONT TREFECHAN

Cofiaf yn glir fod y mis bach hwnnw yn un eithriadol o oer ac roedd hi'n bendant yn ddiwrnod cot fawr yn Aberystwyth. Penderfynwyd plastro posteri ar rai adeiladau sefydliadol yn y dre, ac roedd y Swyddfa Bost yn un. I honno yr aeth dyrnaid o brotestwyr, ac roeddwn innau yn un ohonyn nhw.

Hefyd yn ein plith roedd Tedi Millward, darlithydd ifanc yn yr Adran Gymraeg, a Menna, a ddaeth yn wraig i mi ar ôl dyddiau carlamus coleg. Gosodwyd nifer o bosteri ar wal ffrynt y Swyddfa Bost ac oherwydd pensaernïaeth urddasol yr adeilad roedd hi'n dasg eithaf rhwydd i fynd yn lled uchel ac i gyrraedd sawl silff garreg a ffenest helaeth. Aeth rhai o'r criw i fewn i'r swyddfa a thaflu'r taflenni Saesneg yn unig i'r llawr. Drannoeth cefais enwogrwydd serennog yn y *Western Mail* gan i lun ohona i, a Tedi a Menna yn hebrwng y posteri i mi, ymddangos ynddo, a'r canlyniad i hynny oedd bod tad Menna wedi sgrifennu llythyr go hallt ati o fewn dyddiau yn ei rhybuddio i bellhau oddi wrtha i ac i beidio gadael i fi ddylanwadu arni a'i throi'n un a fyddai'n cyflawni gweithredoedd annheilwng. Diolch, serch hynny, iddo liniaru ymhen rhai blynyddoedd. Er iddo fe gael ei

ypseto gan y busnes, wnaeth y gweithredu yn y Swyddfa Bost ddim byd i ennyn ymateb gan yr heddlu ac ni wnaeth ddim i gythruddo trigolion a siopwyr cysglyd boreol Aberystwyth. Aflwyddiannus fu'r ymdrechion eraill yn y dre hefyd.

Aeth pawb wedyn i'r Home Café, oedd fel cartre i ni fyfyrwyr Cymraeg Aberystwyth – cartre cymdeithasol y Geltaidd (cymdeithas Gymraeg y coleg) a Chymdeithas Taliesin, a sefydlwyd gan Bobi Jones yn bennaf – ac roedd Mrs Morgan yn berchennog rhadlon, hardd, oedd yn casglu ei chywion dan ei chesail fel gwraig fodlon yn Israel. Fe fuodd hi fel mam i ni drwy ddyddiau coleg. Ac er mor oer oedd hi y tu fas y bore hwnnw, aeth hi'n boeth dan do yr Home Café. Nid oherwydd bod hen elyniaeth wythnos Rag ac eisteddfod y myfyrwyr rhwng myfyrwyr Bangor ac Aberystwyth, ond am fod rhwyg amlwg rhwng y rhai oedd ddim am adael i'r diwrnod fynd heibio heb gael gwysion gan yr heddlu a'r rhai oedd am ei gadael hi am y tro, ac aros yn gyfansoddiadol.

Fe benderfynodd criw o tua 20 o fyfyrwyr Aberystwyth a Bangor, a rhai unigolion, fynd ymlaen i wneud gweithred bellach. Penderfynwyd gweithredu i atal y traffig rhwng y De a'r Gogledd, a Phont Trefechan oedd y man strategol i wneud hynny. Doedd dim llawer o glem gyda ni beth i'w wneud, ond fe ffurfiodd nifer yn weddol dynn at ei gilydd a llwyddo i gau'r bont am rhwng rhyw hanner awr a 40 munud. Bu tipyn o dynnu a gwthio ac ambell gernod gas a gweiddi dirmygus gan rhyw dwr o gryts lleol oedd wedi cael diferyn neu ddau i'w yfed. Eto, ni lwyddwyd i gael ymateb gan yr heddlu – roedd un neu ddau yno – heb sôn am gyflwyno gŵys i unrhyw un. Methiant oedd protestiadau'r dydd. Ond cafwyd cyhoeddusrwydd ac mae'r cof yn dal.

Roedd y cyfan yn gynnyrch cyfnod. Roedd pawb oedd ar Bont Trefechan yn gynnyrch digwyddiadau'r pumdegau. Cafwyd ymgyrch fawr amlbleidiol dros Senedd i Gymru yn 1951; wedyn magwyd amheuon am y ffrwd o gyhoeddusrwydd brenhinol ymerodrol yn sgil coroni brenhines Lloegr. Yn rhai ysgolion, fel fy un i yn Llandysul, tyfodd elfen wrth-Seisnig ronc, ac roedd ymgyrchoedd etholiadol fel rhai Jennie Eirian a Gwynfor Evans yn cynyddu aelodaeth Plaid Cymru ymhlith rhai yn eu harddegau. At hyn, roedd y trin a'r trafod ynghylch Tryweryn yn ferw a synhwyro, ar ôl i rai ymweld â Thryweryn, bod gweithredu uniongyrchol yn mynd i ddigwydd yn erbyn yr anfadwaith. Emyr Llywelyn, un o fyfyrwyr Aberystwyth, oedd y dewraf o'r myfyrwyr i gyd. Tyfu hefyd yr oedd y penderfyniad i weithredu i gael parch ac urddas i'r Gymraeg.

Agorwyd cyfnod o brotestio, ymgyrchoedd, achosion llys a charchariadau a brigodd y teimlad i'r wyneb hefyd yn y ralïau yn erbyn yr Arwisgo. Caed y rali fawr yng Nghaernarfon, un o'r mwyaf erioed a welwyd dros Gymreictod, a hefyd rali Cilmeri. Dyna pryd y cafodd canwr 'Y Dref Wen', Tecwyn Ifan, ei flas cyntaf ar ymgyrchu, ac yntau'n grwt ysgol (ar ôl perswadio ei dad a'i fam y byddai'n saff gyda fi a Menna am y dydd!). Roedd e wrth ei fodd yn gweld Waldo a D J Williams ymhlith eraill yno. Yna cafwyd y gwrthdystiad torfol mwyaf i mi ei gofio yn Achos yr Wyth yn Abertawe, a'r awyrgylch yn ddifrifol o fygythiol a chas. Wedi dyddiau plismyn diddrwg didda Pont Trefechan roedd yr awdurdodau bellach yn dechrau dangos eu dannedd.

Aled Gwyn

Pont Trefechan ar fore
2 Chwefror 1963.
(Geoff Charles)

Rhoi cyfarwyddiadau i'r
protestwyr cyn
gweithredu.
(Geoff Charles)

Paratoadau. Ymysg y protestwyr, o'r chwith, mae Gwilym Tudur, Megan Davies (Tudur wedyn), Gareth Thomas, Aled Gwyn, Llinos Jones (Dafis wedyn), Neil Jenkins (yn hanner cuddiedig, yn ei sbectol) a Tegwyn Jones. (Geoff Charles)

Trafod cyn y weithred.
(Geoff Charles)

Y protestwyr yn cwrdd
cyn gweithredu yn erbyn
adeilad y Post Brenhinol
yn Aberystwyth.
(Geoff Charles)

Gosod posteri ar y Swyddfa
Bost, Aberystwyth.
(Geoff Charles)

Glynu posteri ar y
Swyddfa Bost.
(Geoff Charles)

Glynu poster y tu mewn i'r Swyddfa Bost, ond pethau eraill ar feddwl rhai o'r cwsmeriaid. (Geoff Charles)

Gadael y Swyddfa Bost
ar ôl gweithredu.
(Geoff Charles)

Cerdded o'r Swyddfa
Bost ar ôl y weithred.
(Geoff Charles)

Plismon ar y stryd yng nghanol Aberystwyth. (Geoff Charles)

Yn ôl i'r Home Café i drafod y cam nesaf. Yn wyneb yr ymateb tila a gafwyd i osod posteri ar adeilad Swyddfa'r Post, cafwyd dadl frwd o blaid ac yn erbyn gweithredu mwy dramatig a blocio'r ceir ar Bont Trefechan. (Geoff Charles)

Edward Millward yn
annerch yn yr Home
Café wrth i'r protestwyr
drafod beth i'w wneud
nesaf. (Geoff Charles)

Geraint Jones yn dadlau o blaid gweithredu pellach, gyda Neil Jenkins yn ysmygu pib wrth ei ymyl. Gareth Roberts, Treffynnon, yw'r wyneb rhyngddynt, a Guto ap Gwent sy'n edrych tuag at y camera, gyda sbectol a sgarff. (Geoff Charles)

Gwrando ar y trafod. Ymysg y rhai sydd yn y llun mae Huw Carrod yn gwisgo cap stabal, Guto ap Gwent, Neil Jenkins (wrth ymyl y piler) a Gareth Roberts, Treffynnon. I'r chwith wedyn yn ysmygu mae Eurion John o Lanelli, ac ar yr ymyl chwith Ruth Meredith (Stephens wedyn). (Geoff Charles)

Dau yn sgwrsio.
(Geoff Charles)

Pleidleisio beth i'w wneud.
(Geoff Charles)

Mynd am y bont.
(Geoff Charles)

Dechrau atal cerbydau.
(Geoff Charles)

Ceisio rhwystro cerbydau
rhag croesi'r bont.
(Geoff Charles)

Meic Stephens yn atal
car. Yn ôl Aled Gwyn,
'tipyn o her i'r cerbyd
bach, ddwedwn i'.
(Geoff Charles)

Dal pen rheswm. Peter Meazey, yr un tal ar y dde, yn trafod gyda rhywun lleol oedd wedi colli amynedd â'r brotest ac am fynd ar y bws i Benparcau. Yn ddiweddarach daeth Peter Meazey yn berchennog Siop y Triban yng Nghaerdydd. John Clifford Jones sydd y tu ôl iddo ar y dde. (Geoff Charles)

Ar ôl trafod, penderfynwyd mai'r ffordd orau o atal ceir rhag pasio oedd eistedd ar ganol y ffordd. (Geoff Charles)

Yn y llun eiconig hwn o atal cerbydau ar y bont, gwelir, ymysg eraill, Aled Gwyn (ar ganol y ffordd), Elenid Williams (Jones wedyn) ar y chwith iddo yn dal poster a Meic Stephens ar y dde yn sefyll wrth ymyl y fan. (Bechgyn lleol yw'r tri ar y chwith ac nid protestwyr.)
(Geoff Charles)

Ar y bont.
(Geoff Charles)

Blocio'r ffordd, yn
oerfel y gaeaf.
(Geoff Charles)

Anterth y brotest.
(Geoff Charles)

Siarad gyda phlismon ar
y bont.
(Geoff Charles)

Rhiannon Silyn Roberts
ar ôl cael ei tharo i lawr
ar y palmant.
(Geoff Charles)

Rhiannon Silyn Roberts
ar lawr gyda phobl yn
rhedeg ati.
(Geoff Charles)

Atal bws. (Geoff Charles)

Protest yn Nhanygrisiau yn erbyn perchennog ffatri Brewer-Spinks a ddiswyddodd ddau weithiwr am iddynt wrthod arwyddo i beidio â siarad Cymraeg yn y gwaith, 1965. (Geoff Charles)

Rali i gefnogi Neil Jenkins (Neil ap Siencyn) y tu allan i garchar Caerdydd, 1966. Fe'i carcharwyd am ei ran yn yr ymgyrch i gael disg treth car yn Gymraeg. Dyma un o'r carchariadau cyntaf ym mrwydr yr iaith. Yn ogystal â bod yn un o aelodau cyntaf Cymdeithas yr Iaith, roedd Neil ap Siencyn hefyd yn un o sylfaenwyr mudiad Adfer. (*Western Mail*)

Protest i Gymreigio swyddfeydd
post yn Llangefni ar 18 Chwefror
1967. (Geoff Charles)

Cassie Davies yn annerch Rali Bryncroes, Mai 1970. Yno ar y 'llwyfan' hefyd mae Emyr Llywelyn, W R Jones, Alwyn D Rees, R Tudur Jones a Robert Williams. Cafwyd gwrthdaro yn sgil cynlluniau Cyngor Sir Gaernarfon i gau Ysgol Bryncroes ym Mhen Llŷn. Daeth yn achos cenedlaethol gan ddenu cefnogaeth sawl unigolyn a mudiad amlwg. Ar un cyfnod bu'r pwyllgor rhieni'n cynnal eu hysgol annibynnol eu hunain. (Geoff Charles)

Yn y llun eiconig hwn gwelir arweinwyr Cymdeithas yr Iaith – Dafydd Iwan, Ieuan Wyn ac Emyr Llywelyn – yn tynnu clwyd Ysgol Bryncroes er mwyn caniatáu i'r pwyllgor rhieni allu mynd ar dir yr ysgol, Mai 1970. (Geoff Charles)

'WYLIT, WYLIT, LYWELYN'

TRYWERYN, CAERNARFON A CHILMERI

Er bod y frwydr i achub Capel Celyn wedi ei cholli eisoes, fe drefnwyd gwrthdystiad sylweddol yn ystod agoriad swyddogol cronfa ddŵr Tryweryn yn 1965 gyda channoedd yn bresennol. Cynhyrfwyd y dyfroedd gwleidyddol ymhellach yn y chwedegau gan benderfyniad Llywodraeth Prydain i arwisgo'r Tywysog Charles fel Tywysog Cymru yng Nghastell Caernarfon yn 1969. Ymgais i dorri crib cenedlaetholdeb yng Nghymru oedd hyn i raddau helaeth, ac fe gafwyd ymateb tanbaid. Cynhaliwyd cyfarfodydd torfol mawr i brotestio yn erbyn yr Arwisgo – un ar y Cei Llechi yng Nghaernarfon, lle cynhelid y seremoni, ac un arall yng Nghilmeri, y fan lle lladdwyd Llywelyn ap Gruffudd, y Llyw Olaf, gan filwyr Edward I yn 1282.

NO WELCOME IN THE HILLSIDES

Although the fight to save Capel Celyn was already lost, a strong protest was staged during the official opening of the reservoir at Tryweryn in 1965. More mass protest rallies followed against Prince Charles's investiture as Prince of Wales in 1969 at Caernarfon (where the ceremony would be held) and at Cilmeri – the site where Llywelyn ap Gruffudd, the last native Welsh prince, was slain by the English.

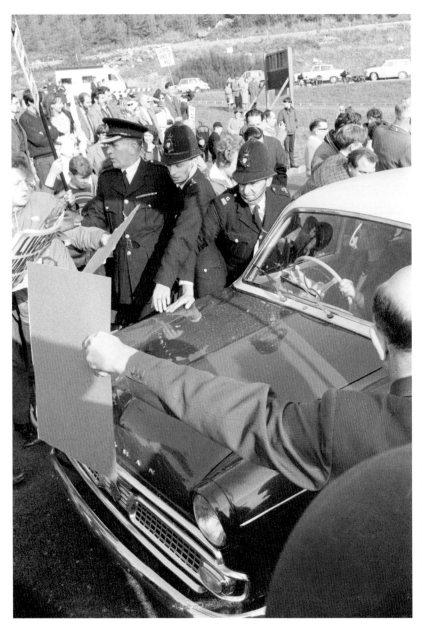

Cynhaliwyd protest fawr i wrthwynebu agoriad swyddogol argae Tryweryn, 1965. Yn y llun hwn gwelir heddlu yn ceisio rhwystro protestwyr rhag atal un o geir y gwahoddedigion rhag pasio. Yn ôl Geoff Charles, 'Roedd hwnnw'n ddiwrnod bendigedig – dim byd rhy ffyrnig, ond pawb yn dangos eu teimladau.'
(Geoff Charles)

Protestio yn erbyn agoriad argae Tryweryn. Yma gwelir Caio Evans yn lifrai Byddin Rhyddid Cymru gydag Eirwyn Pontshân yn gorymdeithio wrth ei ymyl. (Geoff Charles)

Y dorf ar y Cei Llechi, Rali Gwrthwynebu'r Arwisgo, Caernarfon, Gŵyl Ddewi 1969. Hon oedd rali fwyaf Cymdeithas yr Iaith hyd hynny gyda thros fil o bobl yn bresennol. Erbyn 1969 roedd Cymru'n ferw gwyllt gyda phrotestiadau Cymdeithas yr Iaith, bomiau Mudiad Amddiffyn Cymru a llwyddiant etholiadol Plaid Cymru i gyd yn cyfrannu at yr awyrgylch cynhyrfus. (Geoff Charles)

Dafydd Iwan yn areithio wrth ymyl wal y castell yng Nghaernarfon yn Rali Gwrthwynebu'r Arwisgo. Os oedd unrhyw un yn personoli ymgyrchoedd y Gymdeithas yng nghyfnod gwrthwynebu'r Arwisgo a'r ymgyrch arwyddion ffyrdd yna Dafydd Iwan oedd hwnnw. Daeth y caneuon 'Carlo' a 'Croeso Chwedeg Nain' yn rhai o ganeuon dychanol mwyaf llwyddiannus y cyfnod. (Geoff Charles)

Maen Cilmeri a'r dorf, Gorffennaf 1969. Ar ddiwrnod yr Arwisgo yng Nghaernarfon trefnwyd rali gan Gymdeithas yr Iaith a mudiadau eraill yng Nghilmeri i gofio am Llywelyn ap Gruffudd, yr olaf o Dywysogion Gwynedd – a Thywysog olaf Cymru o waed Cymreig. (Raymond Daniel)

Emyr Llywelyn yng Nghilmeri, Gorffennaf 1969. Emyr Llywelyn oedd un o arweinwyr amlycaf y mudiad iaith ac un o'i areithwyr mwyaf effeithiol. Fe'i carcharwyd am flwyddyn yn sgil bom Tryweryn yn 1963. Bu'n arwain Cymdeithas yr Iaith ar ddiwedd y chwedegau a dechrau'r saithdegau ac ef oedd yr ysbrydoliaeth hefyd y tu ôl i sefydlu mudiad Adfer. (Raymond Daniel)

D J Williams, Abergwaun. Bu D J Williams yn gefnogol i'r achos cenedlaethol ar hyd ei oes. (Raymond Daniel)

Cerbydau'r chwyldro. (Raymond Daniel)

Dewi Pws ac eraill. (Raymond Daniel)

Huw Jones.
(Raymond Daniel)

Maen Cilmeri a'r dorf o'r tu ôl. (Raymond Daniel)

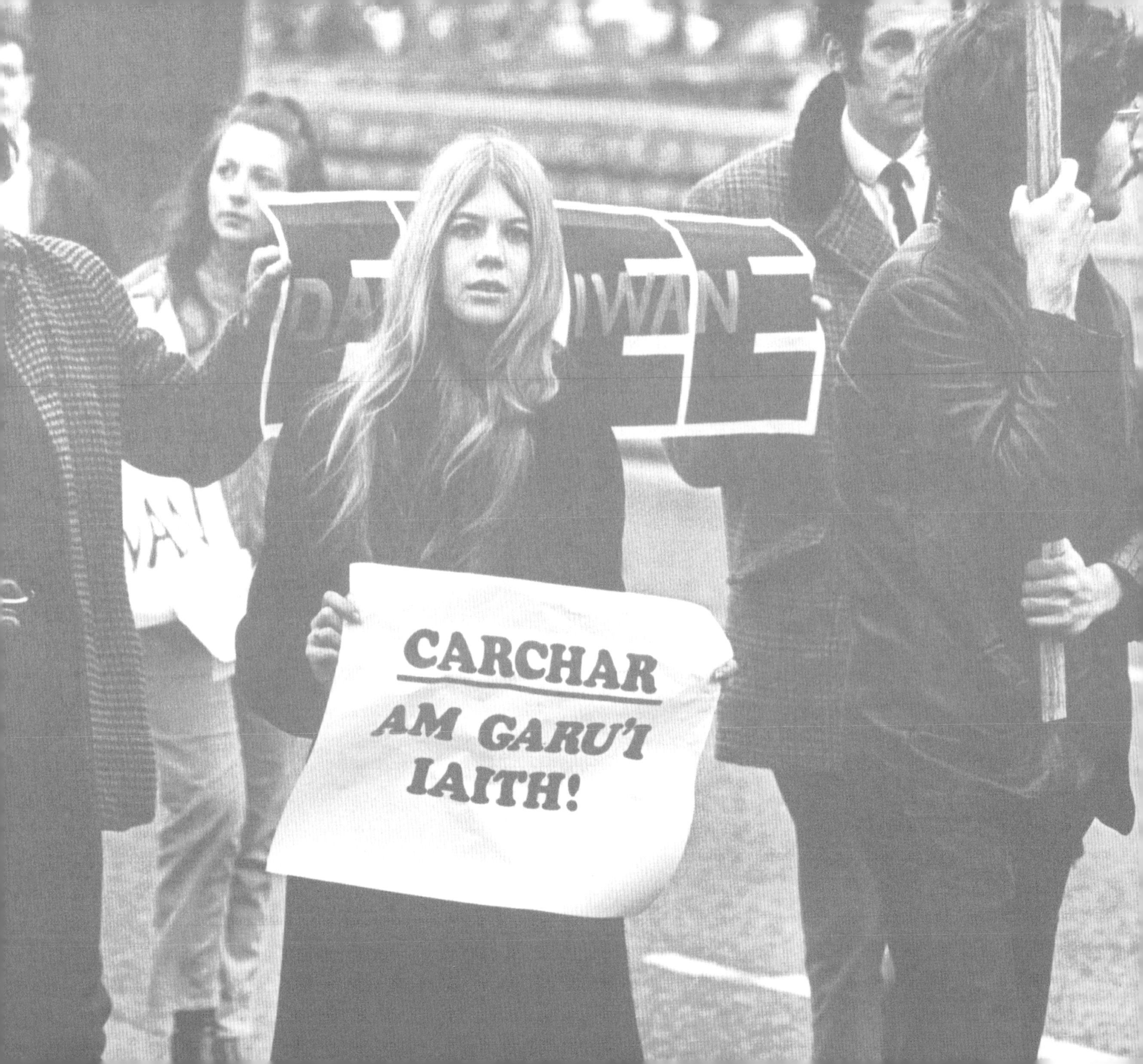
CARCHAR
AM GARU'I
IAITH!

'RHAID YW EU TYNNU I LAWR'

YR YMGYRCH ARWYDDION FFYRDD

Yr ymgyrch arwyddion ffyrdd oedd ymgyrch fawr gyntaf Cymdeithas yr Iaith, a'r un a ddaeth ag amlygrwydd a sylw eang iddi. Tyfodd natur yr ymgyrchu dros y blynyddoedd o beintio dros arwyddion Saesneg i falurio a thynnu'r arwyddion. Uchafbwynt yr ymgyrch arwyddion oedd Achos yr Wyth yn 1971, pan gyhuddwyd wyth o arweinwyr Cymdeithas yr Iaith o gynllwynio i ddifrodi, tynnu neu ddinistrio arwyddion ffyrdd Saesneg yng Nghymru.

SIGNS OF THE TIMES

The campaign for Welsh-language road signs was a watershed for Cymdeithas yr Iaith Gymraeg (the Welsh Language Society), and generated a huge amount of publicity. The nature of the campaigning evolved over the years from painting and defacing English-only road signs to removing the signs completely.

ACHOS YR WYTH

Roedd Achos yr Wyth yn Abertawe ym Mai 1971 yn uchafbwynt ac yn drobwynt yn hanes Cymdeithas yr Iaith, a'i ganlyniad yn annisgwyl a dramatig. Roedd yn benllanw i flynyddoedd o falu arwyddion ffyrdd Saesneg mewn ralïau swyddogol a chyrchoedd answyddogol – ac o chwifio *boltcutters* ar briffyrdd tywyll yn hwyr y nos, i gyfeiliant anthem y Chwyldro, 'Rhaid yw eu Tynnu i Lawr'.

Roedd Cymru 1971 yn wlad oedd yn fantach o arwyddion ffyrdd. Wel, nid yn hollol efallai, ond roedd y niwed ar draws gwlad yn ddigon difrifol i beri dryswch gwirioneddol i deithwyr. Ond yn hytrach na dod ag achos o niwed troseddol yn erbyn arweinwyr y Gymdeithas, fe benderfynodd yr awdurdodau gyflwyno achos o gynllwynio i ddifrodi, oedd yn llawer mwy difrifol.

Do'n i ddim yn un o'r arweinwyr ond fe'm tynnwyd i mewn ar y funud olaf, wedi noson aflwyddiannus o falu arwyddion ger gwesty'r George Borrow ym Mhonterwyd. Ces i 'nal gan gerbyd heddlu ond gan 'mod i'n gyrru fan John Cwmere, cyfaill i fi o Dal-y-bont, fe driais ffoi rhag dod ag ef i drwbwl. Ond yn

ofer. Yn yr achos fe dystiodd yr heddwas, wedi iddo rybuddio John yn ffurfiol, 'Dywedodd yntau wrth Gruffydd [*sic*]: "Robert, yr wyt ti wedi landio fi yn y cachu, ffwcio di."'

Y Lolfa hefyd oedd argraffwyr *Tafod y Ddraig*, cylchgrawn y Gymdeithas, ac roedd hynny'n rheswm ychwanegol dros fy nhynnu i mewn. Wedi imi gael fy nal yn malu arwyddion hefyd, roedd hynny'n profi i'r awdurdodau nad argraffydd diniwed o'n i ond un o'r cynllwynwyr!

Bu'r ymgyrchu'n fwy o hwyl na'r achos. A charcharu'n weddol sicr, roedd yn rhaid i ni i gyd feddwl yn ddwys am ein dyfodol. Fe dreuliais wythnosau yn paratoi ffolderi o wybodaeth fanwl i staff y Lolfa, fel y gallai'r wasg barhau hebdda i. Yn ystod yr achos ei hun, cawsom fel teulu ddwy noson 'olaf' hwyr yn nhai cyrri Abertawe, un cyn dechrau'r achos ac un cyn agor yr erlyniad.

Cafodd eraill amser tipyn caletach na fi. Ar y Sadwrn cyn agor yr achos, cynhaliwyd un o'r ralïau mwyaf ei maint, a mwyaf cynhyrfus, yn hanes brwydr yr iaith, gyda 1,500 o bobl yn tyrru o flaen Neuadd y

Ddinas. Gollyngwyd awyr o deiars ceir yr heddlu pan geision nhw rwystro'r dorf rhag taflu tomen o arwyddion Saesneg ar risiau'r llys. Cafodd 40 eu harestio, a tua 18 eu carcharu dros bythefnos yr achos am darfu ar yr heddwch. Gan mor ymosodol oedd ymddygiad yr heddlu, fe wnaed 24 cwyn swyddogol yn eu herbyn – cwynion a gafodd eu cyfiawnhau mewn ymchwiliad diweddarach.

Dechreuodd yr achos ei hun yn gynhyrfus hefyd. Gwrthododd Gwilym Tudur a Ffred Ffrancis gydnabod awdurdod y llys a chawsant eu hanfon i'r celloedd dros gyfnod yr achos. (Ymddygiad anurddasol nad oedd wrth fodd Saunders Lewis, Llywydd y Gymdeithas, gyda llaw!) Roedd y llys yn llawn tensiwn, a'r *repartie* yn finiog rhwng Dafydd Iwan a'r Barnwr Mars-Jones. Rhoesom i gyd areithiau hir a heriol cyn ein dedfrydu, gan dreulio'r noson honno yng ngharchar Abertawe – y gyntaf o lawer, roeddem yn tybio.

Ond nid felly y bu hi. Fe ddedfrydodd y barnwr cyfrwys ni i gyfnodau gohiriedig o garchar yn unig. Roedd Ffred am ei herio'n syth â gweithred, ond doedd dim modd trechu rhesymeg y sefydliad: mewn neu mas o garchar, byddai'r Gymdeithas yn ddiarweiniad.

Gohiriwyd y chwyldro. Ac wyth ohonom dan glo, roedden ni wedi tybio, yn naïf iawn, y byddai Cymru'n wenfflam ac y byddai cyfnod o weithredu mwy difrifol yn dilyn. Ond yn lle hynny bu misoedd o ansicrwydd a dadlau mewnol rhwng y rhai oedd wedi gobeithio cymryd awenau'r Gymdeithas a'r arweinwyr cloff a ddaeth yn ôl o Abertawe.

O leiaf, ymhen hir a hwyr, fe gafwyd arwyddion dwyieithog, er gwaethaf argymhelliad gwarthus John Morris fel Ysgrifennydd Gwladol y dylai'r Saesneg fod yn uchaf bob tro – am resymau 'diogelwch'. Yn y diwedd, codwyd nhw yn hytrach mewn polisi dryslyd ac nid llai peryglus o amrywio'r brif iaith mewn gwahanol rannau o Gymru, yn ôl dymuniadau'r awdurdod lleol.

Robat Gruffudd

Llun eiconig 'Y ferch yn y got hir', sef Nan Bowyer. Tynnwyd y llun mewn rali i gefnogi Dafydd Iwan, Caerdydd, Ionawr 1970. (Raymond Daniel)

Gorymdaith Caerdydd i gefnogi Dafydd Iwan yn Ionawr 1970. Carcharwyd Dafydd Iwan am dri mis am wrthod talu dirwy o £56 am beintio arwyddion ffyrdd, ond fe'i rhyddhawyd o fewn mis ar ôl i rai ynadon, dan arweiniad Alwyn D Rees, drefnu bod y ddirwy yn cael ei thalu ar ei ran. (Raymond Daniel)

Yr orymdaith i gefnogi Dafydd Iwan yng Nghaerdydd. Yn y dorf, ymysg eraill, gwelir J E Jones, Ysgrifennydd Plaid Cymru, Gareth Miles a Cynog Dafis. (Raymond Daniel)

Torf y tu allan i garchar Caerdydd yn y rali i gefnogi Dafydd Iwan, 1970. Yn y llun, ymysg eraill, gwelir David Underhill ('Dafydd y Dug') a Gareth ap Sion. (Raymond Daniel)

Darlithwyr Coleg Prifysgol Gogledd Cymru Bangor yn dangos cefnogaeth i Dafydd Iwan ar 17 Ionawr 1970. O'r chwith: John Gwilym Jones, Dafydd Orwig, Bedwyr Lewis Jones, Huw Lloyd Edwards, Gwyn Thomas, Siôn Daniel a Bruce Griffiths. (*Y Cymro*)

Walter Davies, Eirug Wyn, William Lloyd a Terwyn Tomos wedi iddynt ymprydio a meddiannu ystafell y Barnwr Cantley, Llys y Goron Caerfyrddin, mewn protest yn erbyn carcharu chwech o fyfyrwyr am wrthod talu dirwyon am beintio arwyddion ffyrdd, 1970. (*South Wales Evening Post*)

Dafydd Iwan a Gareth Miles yn areithio yn Rali'r Post Mawr. Trefnwyd rali fawr fel rhan o'r ymgyrch arwyddion ar groesffordd y brif ffordd rhwng Aberystwyth ac Aberteifi yn y Post Mawr (Synod Inn) yn Rhagfyr 1970. (Raymond Daniel)

PC D Joe Davies yn gofyn i Dafydd Iwan pwy falodd yr arwyddion ffyrdd yn Rali'r Post Mawr. Mae'n debyg bod y dorf o 200 oedd yn bresennol wedi bloeddio'r ateb, 'Ni!' (Raymond Daniel)

Ffred Ffransis yn areithio yn y Post Mawr, Rhagfyr 1970. (Raymond Daniel)

Rali Cyfeillion yr Iaith, Aberystwyth, gyda Jac L Williams, Lis Miles a T James Jones, Chwefror 1971. Dros y blynyddoedd cafwyd cefnogaeth gan bobl 'barchus' i ymgyrchoedd torcyfraith Cymdeithas yr Iaith. Un o'r mwyaf effeithiol yn ei ddydd oedd Cyfeillion yr Iaith, a sefydlwyd gan unigolion fel Dafydd Orwig, Millicent Gregory, y Parch. John Owen ac eraill ar ddechrau'r saithdegau yn benodol i gynnig cefnogaeth y genhedlaeth hŷn i ymgyrchoedd Cymdeithas yr Iaith. (Raymond Daniel)

Dau o Gyfeillion yr Iaith, y Parch. W J Edwards a
Dafydd Orwig, yn mynd i'r cyfeiriad iawn, 1971.
(Raymond Daniel)

Y dorf yn canu yn Rali Cyfeillion yr Iaith, Aberystwyth, 1971. (Raymond Daniel)

Cyfeillion yr Iaith yn gosod arwydd 'Aberteifi' yn hytrach na 'Cardigan' yn Aberystwyth, 1971. (Raymond Daniel)

Achos traddodi'r wyth, Llys Ynadon Aberystwyth, Mawrth 1971. Yn 1971 dygwyd cyhuddiad o gynllwyn yn erbyn wyth o aelodau amlycaf Cymdeithas yr Iaith sef Dafydd Iwan, Ffred Ffransis, Rhodri Morgan, Gwilym Tudur, Ieuan Bryn, Ieuan Wyn, Gronw ab Islwyn a Robat Gruffudd. Cyhuddwyd yr wyth o gynllwynio i ddifrodi, tynnu neu ddinistrio arwyddion ffyrdd Saesneg yng Nghymru yn ystod rali yn Rhagfyr 1970. Yr achos yma fyddai un o brif ddigwyddiadau'r ymgyrch dros hawliau'r Gymraeg ers sefydlu'r Gymdeithas, ac roedd yr achosion traddodi yn Llys Ynadon Aberystwyth a Llys y Goron Caerfyrddin, a'r achos ei hun yn Llys y Goron Abertawe, yn destun protestiadau ffyrnig. (Raymond Daniel)

Dafydd Iwan yn cael ei hebrwng gan yr heddlu i achos traddodi'r wyth yn Llys Ynadon Aberystwyth. Yn eu plith ar y dde mae'r Prif Arolygydd John Owen Evans, neu 'Y Sarff' fel y cafodd ei anfarwoli yn y gân 'Dicsi'r Clustie' gan y Dyniadon Ynfyd Hirfelyn Tesog. (Raymond Daniel)

Criw yn cario eu hysbail ar ôl bod ar helfa arwyddion ffyrdd, Aberystwyth, 1971. (Raymond Daniel)

Protestiwr ar lawr, Aberystwyth, 1971.
(Raymond Daniel)

Eryl Owain yn neidio ar yr arwyddion, Llys Ynadon Aberystwyth, 1971. (Raymond Daniel)

Eirug Wyn ac eraill ar risiau Llys Ynadon Aberystwyth, achos traddodi'r wyth, 1971. (Raymond Daniel)

Plismon ac arwyddion y tu allan i
Lys Ynadon Aberystwyth, 1971.
(Raymond Daniel)

Eryl Owain yn cael ei lusgo ar lawr gan blismyn yng Nghaerfyrddin. Cynhaliwyd yr ail achos traddodi yn yr achos cynllwynio yn Llys y Goron Caerfyrddin yn Ebrill 1971. Unwaith eto, cafwyd protestiadau ffyrnig y tu allan i'r llys. (Raymond Daniel)

Plismon mawr, Caerfyrddin, Ebrill 1971.
(Raymond Daniel)

Gruff Elis Williams yn cael ei arestio
yng Nghaerfyrddin, Ebrill 1971.
(Raymond Daniel)

Arestio Anita Jones yng
Nghaerfyrddin, 1971.
(Raymond Daniel)

Bywyd i'r Gymraeg.
(Raymond Daniel)

Rhes o blismyn, Achos yr Wyth, Abertawe, 1971. Achos cynllwyn Abertawe oedd penllanw'r ymgyrch arwyddion ffyrdd. Roedd cyfarfodydd torfol mawr wedi eu trefnu gan Gyfeillion yr Iaith ar gyfer cyfnod yr achos, a phrotestiadau o weithredu uniongyrchol gan y Gymdeithas. (Raymond Daniel)

Tri o'r wyth – Ieuan Wyn, Rhodri Morgan ac Ieuan Bryn – yn dod allan o Lys y Goron Abertawe, Achos yr Wyth, 1971. (Raymond Daniel)

Tri arall o'r wyth – Gronw ab Islwyn, Robat Gruffudd a Dafydd Iwan – ger mynedfa Llys y Goron Abertawe, 1971. (Raymond Daniel)

Arestio wrth ymyl Llys y Goron Abertawe, 1971. (Raymond Daniel)

Robat Gruffudd a Gwilym Tudur yn malu arwyddion, 1971. (Raymond Daniel)

Arestio Gareth ap Sion, Achos yr Wyth, Llys y Goron Abertawe, 1971. (*South Wales Evening Post*)

Y Barnwr Mars-Jones, Llys y Goron Abertawe, Achos yr Wyth, 1971. Llwyddodd Mars-Jones i dynnu'r gwynt o hwyliau'r Gymdeithas (dros dro o leiaf) drwy roi dedfryd ohiriedig yn hytrach na charchar i saith o'r wyth, gan ryddhau un yn ddiamod. Chwalwyd y tensiwn oedd wedi codi yn yr wythnosau a'r misoedd cyn yr achos. Ond er gwaethaf hynny fe fu brwydr yr arwyddion ffyrdd yn un lwyddiannus. (Raymond Daniel)

Plismon ar y ffordd i Gwm-twrch Isaf. (Raymond Daniel)

'MOLCHA DY
GÊG Y MOCHYN
BLA, BLA, SOC
SOCH SOCH, BLA BL
SOCH BLA, SOCH BLA SO
LORD MUCK
HOG 007
MOCHYN
WRTH Y LLYW

'THE TOP OF A VERY SLIPPERY SLOPE....'

HELYNT HAILSHAM, BANGOR, 1972

Roedd arfer rhai ynadon o dalu dirwyon protestwyr iaith, neu roi rhyddhad diamod i bobl oedd wedi gwrthod talu am eu trwyddedau teledu yn yr ymgyrch i gael sianel Gymraeg, wedi achosi anfodlonrwydd i'r Arglwydd Hailsham, yr Arglwydd Ganghellor ar y pryd. Mewn araith yn Llandrindod yn Ebrill 1972 dywedodd Hailsham: 'The young people who make the disorderly scenes in court and the not-so-young people who ought to know better who support them, and the magistrates who pay their fines may no doubt be actuated by excellent motives but they are at the top of a very slippery slope. Though they will probably be horrified to hear it, the thing which differentiates them from the baboons of the IRA who blow the arms and legs off innocent women and children and break the bones and tar the heads of pregnant women, and shoot our lads in the streets of Londonderry and Belfast, is basically a question of degree and not kind.'

Ym mis Gorffennaf 1972 aeth yr Arglwydd Hailsham i goleg Bangor i rybuddio ynadon cefnogol i beidio â thalu rhagor o ddirwyon troseddwyr. Ond daeth dros fil o brotestwyr iaith yno i wrthdystio yn ei erbyn gan arwain at wrthdaro ffyrnig gyda'r heddlu y tu allan i adeiladau'r coleg ym Mangor Uchaf.

'DISORDERLY SCENES...'

Some magistrates had started paying language activists' fines, something which caused Lord Hailsham, the Lord Chancellor at the time, great consternation – as is clear from his words above. His visit to Bangor University College in July 1972, to warn magistrates against paying any more fines, was marked by fierce clashes between protesters and police.

Helynt Hailsham, Gorffennaf 1972; y gwrthdystio y tu allan i Goleg Prifysgol Gogledd Cymru Bangor. Enw llawn yr Arglwydd Hailsham oedd Quintin Hogg – sy'n esbonio delwedd y mochyn ar bosteri'r protestwyr yn y llun hwn. (Geoff Charles)

Y dorf yn gwthio yn erbyn baricêd yr heddlu. (Geoff Charles)

Torri trwy'r baricêd. (Geoff Charles)

Y dorf yn rhuthro heibio'r plismyn. (Geoff Charles)

Anhrefn! (Geoff Charles)

Plismon yn atal Martin Eckley adeg Helynt Hailsham ym Mangor, 1972. (Geoff Charles)

Ymrafael ym mhrotest Helynt Hailsham, Bangor, 1972. (Geoff Charles)

Dafydd Iwan yn trafod gyda'r protestwyr ar risiau Neuadd Prichard-Jones, Bangor, ar ôl tawelu'r helynt. Yn fuan ar ôl hyn llwyddodd yr heddlu i symud y gwrthdystwyr o'r Cwad yn llwyr. (Geoff Charles)

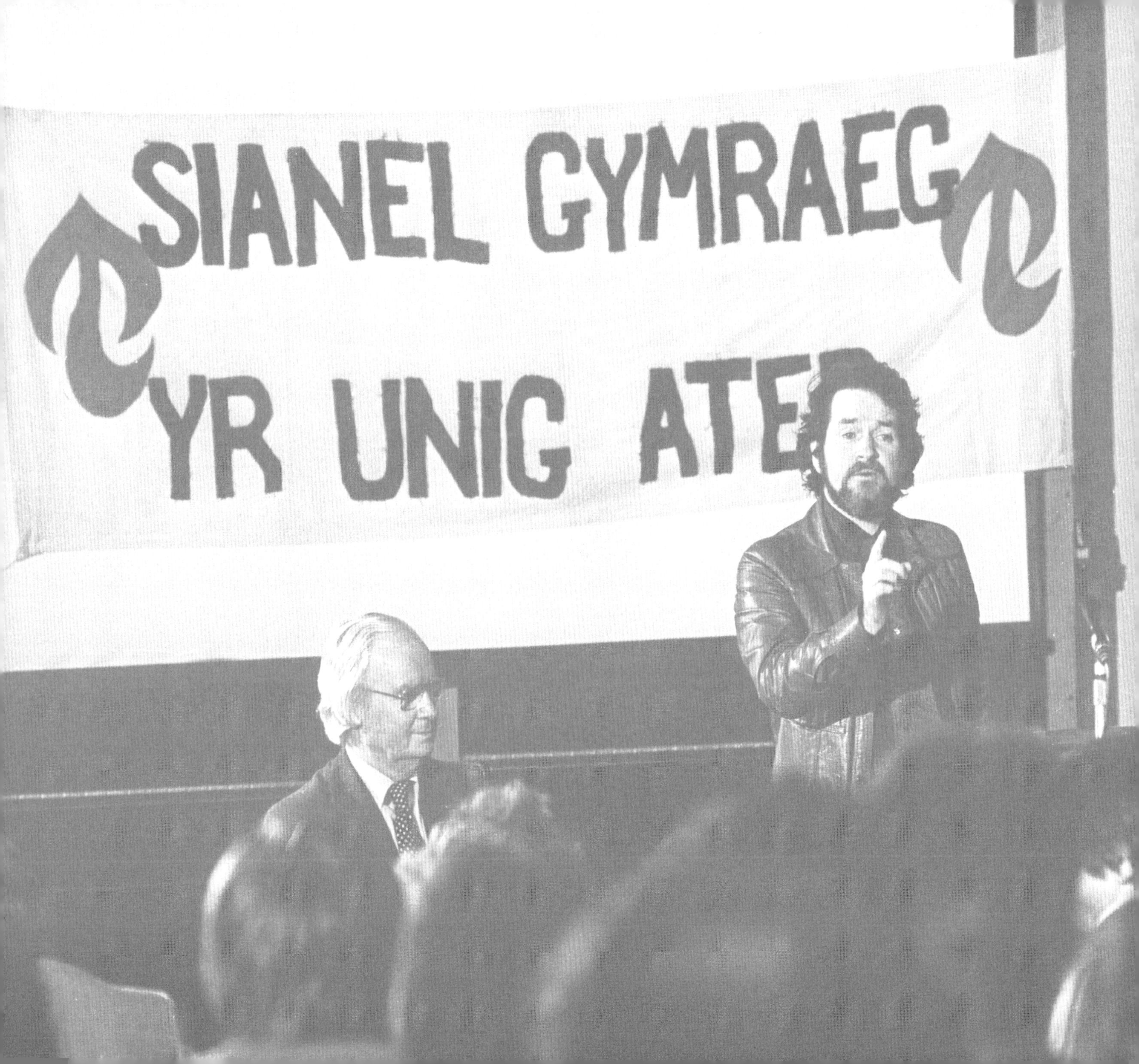
SIANEL GYMRAEG
YR UNIG ATE

'SIANEL GYMRAEG — YR UNIG ATEB'

Y FRWYDR I SEFYDLU S4C

Nodwyd dechrau'r frwydr i sefydlu sianel Gymraeg gyda thaith gerdded i godi ymwybyddiaeth yn 1971. Dilynwyd hyn gan ddegawd o brotestiadau cyhoeddus ac ymgyrch o weithredu uniongyrchol difrifol, gan gynnwys difrodi stiwdios teledu a dringo a diffodd mastiau teledu. Cafwyd sawl achos llys a charchariad yn gysylltiedig â'r ymgyrch, yn eu plith achos cynllwynio enwog Blaenplwyf. Daeth uchafbwynt y frwydr, fodd bynnag, ar 6 Mai 1980, pan gyhoeddodd Gwynfor Evans ei fwriad i ymprydio hyd farwolaeth oni bai bod y Llywodraeth Geidwadol yn gwireddu ei haddewid i sefydlu sianel Gymraeg. Bu ei benderfyniad yn sbardun i bum mis o ymgyrchu torfol gan Gymdeithas yr Iaith Gymraeg a Phlaid Cymru cyn yr enillwyd y frwydr dros S4C.

THE CAMPAIGN FOR A WELSH TV CHANNEL

The battle for a Welsh-language television channel began in earnest with a protest walk to raise awareness of the issue in 1971. There followed a decade of public protests and a campaign of direct action against television transmitters, and on 6 May 1980, Gwynfor Evans announced his intention to starve himself to death unless the Conservative Government fulfilled its promise to establish a Welsh-language channel. His decision was the catalyst for five months of mass campaigning by Cymdeithas yr Iaith Gymraeg and Plaid Cymru before the battle for S4C was finally won.

Ffred Ffransis yn cyfarfod â chefnogwyr yn Llanelwy ar ddechrau'r daith gerdded dros sianel deledu Gymraeg. Yn y llun (o'r chwith) gwelir y Parch. Islwyn Davies, y Parch. Robert Ellis, Gwilym R Jones, John L Williams a Lewis Valentine. Fel y ddau arall a garcharwyd am losgi Ysgol Fomio Penyberth yn 1936, D J Williams a Saunders Lewis, roedd Lewis Valentine yn gefnogol iawn i brotestiadau Cymdeithas yr Iaith. Dywedodd mewn rhifyn o *Tafod y Ddraig* yn 1967: 'Yr wyf yn llwyr gefnogi amcanion y Gymdeithas a'i dulliau, ac mae ymarweddiadau y Gymdeithas hon yn codi fwy ar fy nghalon na dim sy'n digwydd yng Nghymru heddiw.' (Geoff Charles)

Rhai o'r aelodau a fu'n cymryd rhan yn y Daith Gerdded dros Sianel Gymraeg, Chwefror 1971. (Geoff Charles)

Gwilym Tudur ac Arfon Gwilym yn llosgi
trwyddedau teledu y tu allan i swyddfeydd y
BBC ym Mangor – Taith Gerdded dros Sianel
Gymraeg, Llanelwy i Fangor, Chwefror 1971.
(Geoff Charles)

Pelen o dân!
(Geoff Charles)

Ffred Ffransis yn areithio, 1972. Yn hydref 1971 cynhaliwyd achos cynllwyn yn erbyn 17 o aelodau Cymdeithas yr Iaith yn Llys y Goron yr Wyddgrug – 14 am ddringo mastiau teledu a thri am achosi difrod yn stiwdios teledu cwmni Granada ym Manceinion. Dedfrydwyd Goronwy Fellows a Myrddin Williams i flwyddyn o garchar am y weithred, ond cafodd Ffred Ffransis ddwy flynedd o garchar, y ddedfryd drymaf erioed a roddwyd i aelod o Gymdeithas yr Iaith. Esgorodd hyn ar flynyddoedd o weithredu ac ymgyrchu am sianel Gymraeg wrth i aelodau a chefnogwyr y Gymdeithas ddringo a meddiannu mastiau teledu a gwrthod talu am eu trwyddedau teledu. (Raymond Daniel)

Yng ngaeaf 1977 torrodd nifer o aelodau Cymdeithas yr Iaith i mewn i adeilad trosglwyddydd Blaenplwyf ac achosi £6,000 o ddifrod. Ond am y tro cyntaf, Senedd y Gymdeithas, ac nid y gweithredwyr unigol, a hawliodd gyfrifoldeb am y weithred. O ganlyniad dygwyd cyhuddiad o gynllwyn yn erbyn Cadeirydd y Gymdeithas, Rhodri Williams, ac arweinydd Grŵp Darlledu'r mudiad, Wynfford James. Yn y llun gwelir yr orymdaith cyn achos traddodi 'cynllwyn' Blaenplwyf yn Aberystwyth, gyda Wynfford James a Rhodri Williams, ac yn cario'r faner y tu ôl iddynt mae Eleri Jones (Lövgreen wedyn) a Meri Huws. (Raymond Daniel)

Wynfford James a Rhodri Williams y tu allan i Lys y Goron Caerfyrddin adeg ail achos Blaenplwyf, Tachwedd 1978, gydag Angharad Tomos yn dal y corn siarad yn y canol. Cynhaliwyd dau achos llys yn ymwneud â difrodi trosglwyddydd teledu Blaenplwyf. Bu'n rhaid cynnal ail achos ar ôl i'r rheithgor cyntaf fethu â chytuno. Carcharwyd Rhodri a Wynfford am chwe mis. Yn ystod yr ail achos hefyd carcharwyd 12 aelod arall am gyfnodau amrywiol am iddynt darfu ar yr achos. Erbyn diwedd y flwyddyn cafwyd addewid gan y Llywodraeth Lafur y byddai yna sianel Gymraeg ond, wrth gwrs, nid dyna oedd diwedd yr ymgyrch. (*Western Mail*)

Plismon yn llusgo Teresa Pierce, un o weithredwyr mwyaf digyfaddawd y Gymdeithas yn y saithdegau, yng Nghaerfyrddin adeg achos Blaenplwyf, 1978. (Raymond Daniel)

Dafydd Iwan a Gwynfor Evans mewn rali dros sianel Gymraeg a drefnwyd gan Blaid Cymru (gyda chymorth Cymdeithas yr Iaith) yn yr Hen Goleg, Aberystwyth, 28 Mehefin 1980. Ar 6 Mai 1980, cyhoeddodd Gwynfor Evans ei fwriad i ymprydio hyd at farwolaeth o 6 Hydref y flwyddyn honno, oni bai fod y Llywodraeth Geidwadol yn Llundain yn cyflawni ei haddewid i sefydlu sianel deledu Gymraeg. (Raymond Daniel)

Esgorodd penderfyniad Gwynfor Evans ar bum mis o weithredu ac ymgyrchu torfol gan Gymdeithas yr Iaith a Phlaid Cymru. Yn y llun gwelir Nicholas Edwards, Aelod Seneddol Ceidwadol Penfro ac Ysgrifennydd Gwladol Cymru ar y pryd, yn cymryd y megaffon er mwyn dadlau gyda Tim Webb a chriw o aelodau Cymdeithas yr Iaith y tu allan i sinema'r Commodore, Aberystwyth, 1980. (Raymond Daniel)

'White Settlers Don't Rule OK' – y dorf mewn rali i gefnogi Wayne Williams (yr ail o'r chwith) yn Llanidloes, Tachwedd 1982. Hyd yn oed ar ôl ennill brwydr y sianel Gymraeg roedd rhai'n dal i ddioddef drosti. Athro yn Ysgol Uwchradd Llanidloes oedd Wayne Williams pan garcharwyd ef am naw mis ar gyhuddiad o gynllwyn am ei ran yn yr ymgyrch dros sianel Gymraeg. Cododd helynt ar ôl iddo gael ei ryddhau oherwydd fod llywodraethwyr yr ysgol a Chyngor Sir Powys yn gwrthod ei ailgyflogi a hyn er i'r Uchel Lys ddatgan y dylai gael ei swydd yn ôl. Teg nodi hefyd i'r Fonesig Shirley Hooson, gwraig yr Arglwydd Hooson, cyn Aelod Seneddol Maldwyn, ddangos ei chefnogaeth i Wayne Williams drwy ymddiswyddo fel llywodraethwr pan wrthododd y llywodraethwyr eraill roi ei swydd yn ôl iddo. Diwedd yr helynt fu i Wayne Williams gael ei swydd yn ôl. Ar ôl gadael Llanidloes bu'n gweithio i Adran Addysg Cyngor Sir Powys. (Dorothy Heath)

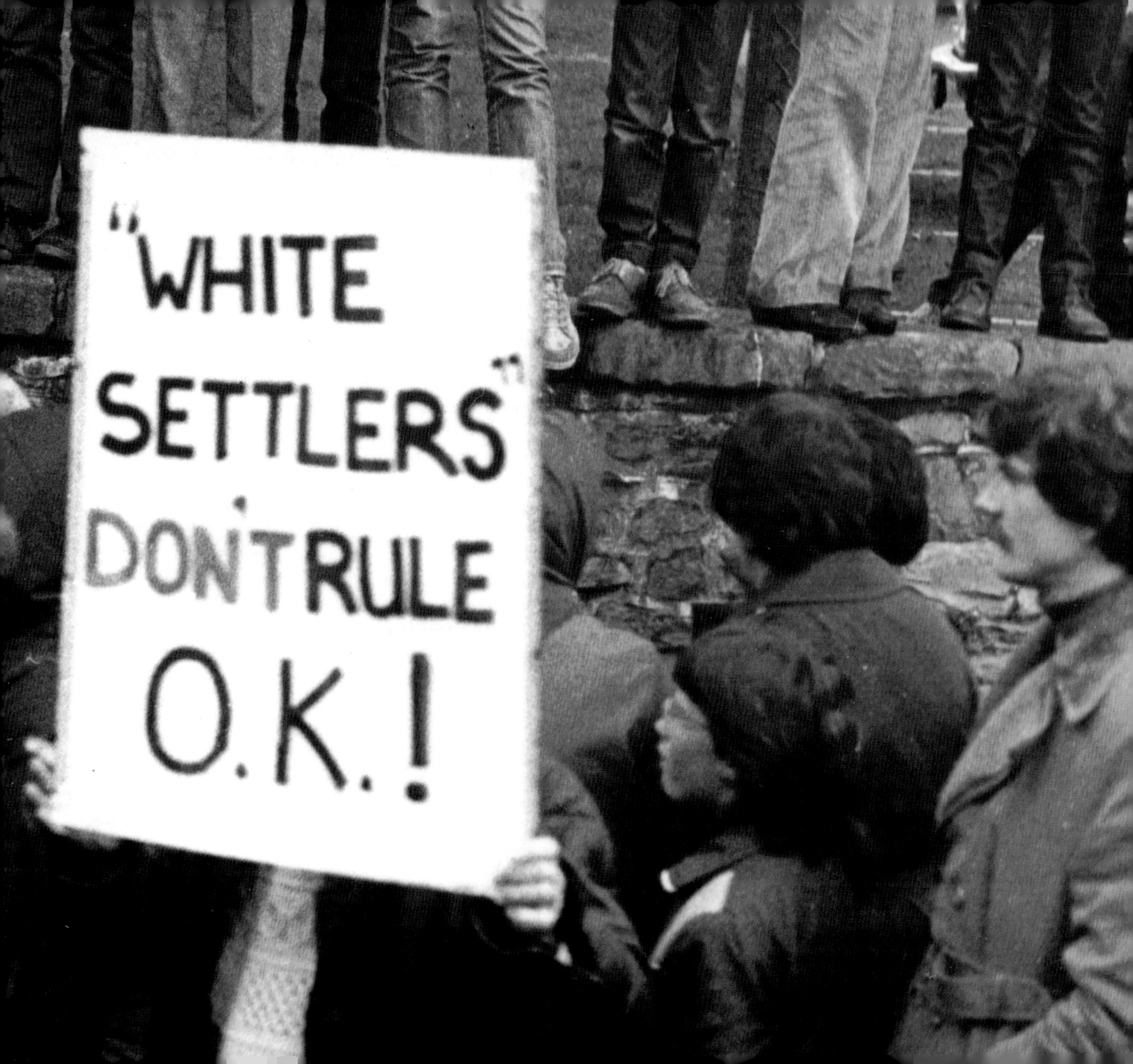
"WHITE
SETTLERS"
DON'T RULE
O.K.!

Gwynfor Evans gydag arweinwyr Plaid Cymru yn gorymdeithio mewn rali fawr i gefnogi ympryd Gwynfor, Caerdydd, 1980. (Marian Delyth)

Wal ar lan afon Tafwys wedi'i pheintio i ddynodi buddugoliaeth ym mrwydr y sianel. Gwynfor 1 Whitelaw 0. (Bob Puw)

'BRAD AR Y BRYN'

HELYNTION COLEG BANGOR

Ar ddiwedd y saithdegau a dechrau'r wythdegau fe arweiniodd pryder am effaith polisi ehangu Coleg Prifysgol Gogledd Cymru Bangor ar yr iaith Gymraeg at gyfres o ymgyrchoedd gan fyfyrwyr y Coleg ar y Bryn. Rhwng 1976 ac 1984 cafwyd sawl achos o brotestio a meddiannu adeiladau ar y campws. O ganlyniad i'r gwrthdaro sefydlwyd undeb myfyrwyr Cymraeg annibynnol UMCB, a chafodd nifer o fyfyrwyr eu gwahardd o'r coleg ar sawl achlysur, rhai ohonynt yn barhaol. Roedd gofid y protestwyr yn mynd tu hwnt i le'r Gymraeg mewn addysg bellach at y modd yr oedd polisïau ehangu dilyffethair y coleg yn tanseilio dyfodol cymunedau Cymraeg yng Ngwynedd ac Ynys Môn. (Fe dynnwyd y lluniau hyn gan awdurdodau'r coleg er mwyn ysbïo ar fyfyrwyr ac erlyn unrhyw un oedd yn cael ei ddal yn cymryd rhan mewn ymgyrchoedd.)

THE COLLEGE OF COLONISATION

In the late seventies and early eighties, concerns about the impact of the University College of North Wales's expansion policies on the Welsh language led to a series of protests, sit-ins and occupations by the Welsh students' union at Bangor. This resulted in the expulsion of several students, some of whom were excluded permanently from the university. The protesters' concerns went beyond higher education to the role of the University College in undermining the future of Welsh-language communities in Gwynedd and Anglesey. (The following photographs were taken by the college authorities with the express intention of spying on students and prosecuting any caught taking part in the protests.)

YR 'UNIVERSITY COLLEGE OF NORTH WALES'

Teyrnas Charles Evans, Syr Charles Evans, oedd coleg Bangor yn y saithdegau. Pwy oedd hwnnw? Dyn a fagwyd yn Nyffryn Clwyd, a'i brif enwogrwydd oedd iddo bron iawn â chyrraedd copa Everest cyn neb arall yn 1953. Wn i ddim sut yn union y daeth yn brifathro'r coleg, ond yno yr oedd pan gychwynnais fy rhawd yn 1975. Erbyn hynny yr oedd rhyw aflwydd corfforol wedi ei daro a phowliwyd ef mewn coetj gadair. Yr oedd yn ddamcaniaeth fod y diffyg hwnnw wedi ei wneud yn fwy penstiff. Gwir hynny ai peidio, yr oedd yn friwsionyn clodwiw o'r hen Fritish Empaiyr a'r Gymraeg yn beth lled esgymun ganddo. Clywais ddweud iddo bron dros nos rywdro benderfynu peidio â siarad yr iaith, er y'i medrai yn rhugl. Yn llawforwyn ufudd i Syr Charles roedd y cofrestrydd, Eric Hughes, dyn cwbl ddi-liw a dibersonoliaeth. Uwchlaw, i roi sêl bendith achlysurol ar y gweithredu dyddiol, roedd y pendefig o Sais ag acen daten boeth, yr Arglwydd Kenyon. A dyna rai o'r cynhwysion a wnaeth Fangor o 1976 tan ddechrau'r wythdegau yn lle digon cythryblus yn hanes brwydr yr iaith.

Roedd sylweddoliad ymhlith nifer o'r myfyrwyr Cymraeg nad oedd y coleg yn cyflawni ei ddyletswydd dros y Gymraeg, ac nad oedd dim bwriad amlwg i hynny ddigwydd. Hynny oedd egin yr anesmwythyd. Rhyw ffrwtian wnaeth pethau yn ystod blwyddyn academaidd 1975–6 a dim ond siarad. Mi oedd y siarad wedi cyrraedd rhyw lefel fel bod yn rhaid gwneud rhywbeth erbyn Hydref 1976. Ymgyrchwyd yn erbyn polisi iaith diffygiol y coleg. Cyhoeddwyd rhyw sticeri bach mân i'w gosod hyd y lle gan Gymdeithas y Cymric (yr enw doniol-daeog hwnnw oedd yn dal i fynd y pryd hynny). Trefnwyd lobïo Cyngor y coleg a phledu'r adeilad â sticeri. Blociwyd cowt y coleg fel na allai ceir fynd i mewn nac allan. Aed ati ar ddiwrnod arall i flocio cyfnewidfa ffôn y coleg (drwy gael rota o bobl i ffonio rhif y gyfnewidfa ganolog yn barhaus o nifer o fythau ffôn cyhoeddus ac, unwaith y ceid ateb, peidio â rhoi arian i mewn, rhoi'r ffôn i lawr a deialu drachefn). A meddiannu un o swyddfeydd gweinyddol y coleg am ddiwrnod. Pethau digon diniwed oedd y rhain, ond roeddent yn ysgytwad i'r coleg am nad oedd dim fel yna wedi digwydd o'r blaen.

Bu gorymateb haearnaidd o du Coleg Syr Charles. Diarddelwyd pedwar swyddog Cymdeithas y Cymric: y cadeirydd (Glyn Tomos), yr ysgrifennydd (Dafydd

Meirion), yr is-ysgrifennydd (Emrys Wynne) a'r trysorydd (Rheon Thomas). Gwnaed hynny nid am bod yr unigolion hynny wedi cymryd rhan benodol (os o gwbl) yn y protestio, ond am mai nhw oedd y swyddogion. Bu protestio pellach i gael y pedwar yn ôl. Pen draw hynny fu meddiannu adeilad newydd y celfyddydau am ddyddiau lawer a stopio tipyn o weinyddiaeth a dysgu'r coleg. Cefnogwyd yr achos gan nifer o fyfyrwyr Saesneg yn meddiannu'r Tŵr Mathemateg. Cafwyd ralïau, a help aelodau o'r Llys a'r Cyngor (llawer yn aelodau Cyngor Gwynedd neu gynghorau dosbarth Gwynedd). Diwedd hynny fu cael y maen i'r wal a'r coleg yn caniatáu i'r pedwar ddychwelyd.

Yn nhywyniad y gweithgarwch gwireddwyd bwriad a oedd wedi bod ar y gweill ers tipyn. Penderfynwyd dileu Cymdeithas y Cymric a ffurfio UMCB (Undeb Myfyrwyr Colegau Bangor). Undeb annibynnol oedd hon, yn torri oddi wrth yr NUS, a chafwyd tâl aelodaeth o £10 gan tua 200. Roedd hynny'n ddigon i gychwyn caffi, a ddaeth yn ganolfan gymdeithasol i'r undeb ac yn ffynhonnell o arian i'w ddefnyddio yn ei gweithgareddau diwylliannol a gwleidyddol. Am gyfnod penodwyd swyddog cyflogedig llawn-amser (Vaughan Roderick). Yr oedd y sefyllfa yma'n gwthio'r gagendor ymhellach rhwng y myfyrwyr Cymraeg a'r coleg, gyda'r coleg yn gwrthod i'r undeb hyd yn oed gyfarfod ar dir y coleg.

Y polisi iaith oedd targed yr undeb o hyd yn y flwyddyn 1977–8 (yn ogystal â chydnabyddiaeth i'r undeb newydd). Cafwyd tyndra a pheth gweithredu. Y gweithredu mwyaf fu ymgais i feddiannu'r Hen Goleg i gyd. Bu bron i hynny lwyddo, ond yn y diwedd

dim ond Neuadd Powis a gafwyd ac ychydig ystafelloedd cyfagos. Erbyn 1978–9, yr oedd sylweddoliad pellach wedi dod i'r drafodaeth: bwriad y coleg i ehangu a goblygiadau hynny i'r Gymraeg o fewn y coleg a thu allan iddo. Yr oedd pethau wedi datblygu ymhellach ym Mangor, yn rhannol drwy ddylanwad mudiad Adfer, a gwelwyd bod pwysigrwydd gwarchod yr ardaloedd Cymraeg yn allweddol i les yr iaith. Yr oedd elfen o gydwybod cymdeithasol tu hwnt i fyd cyfyng myfyrwyr a choleg wedi dod yn ystyriaeth. Poenid mai polisi llugoer anghefnogol neu ffug-gefnogol oedd gan y coleg at y Gymraeg ac felly bod ehangu'r sefydliad yn mynd i gynyddu nifer y myfyrwyr di-Gymraeg a'r gweithlu academaidd estron a fyddai'n ymgartrefu yn yr ardal.

Cychwynnodd yr ymgyrch hon gyda nifer o brotestiadau i herio a gwylltio'r coleg yn Hydref 1978. Blociwyd cowt y coleg fel o'r blaen ac aed ati ar ddiwrnod arall i flocio'r gyfnewidfa ffôn eto. Cafwyd protest glynu sticeri 'Dim ehangu'. A'r fwyaf trawiadol o'r protestiadau hyn fu llanw'r llyfrgell â mwg. Gwnaed hynny drwy yrru tua 150 o fyfyrwyr i dair rhan y llyfrgell. Pan oedd pawb yn barod, cyhoeddwyd ar yr union yr un amser bod y mwg i'w ryddhau ac y dylai pawb oedd yno adael. Wedyn agorwyd tri chynhwysydd mwg a ddefnyddid gan gychod mewn argyfwng. Llanwodd y llyfrgell a chafwyd cryn fwrlwm tu allan wrth i ambiwlans ac injan dân gyrraedd ar gais y coleg.

Yn dilyn hynny diarddelwyd tri ohonom: Robin Chapman am chwe wythnos ar ôl mynd i ryw ymrafael â'r Athro Robins wrth sticio sticeri, Gwion Lynch am flwyddyn am gael ei weld yn agor un o'r cynwysyddion mwg a minnau am hanner blwyddyn yn dilyn yr hyn a ddywedais ar ran yr undeb ar raglen newyddion HTV. Ffyrnigodd hynny'r sefyllfa a threfnwyd protest fwy, gan feddiannu adeilad newydd y celfyddydau (unwaith eto). Bu hynny am gyfnod hir tan i'r coleg gau am y Nadolig. Yn ystod y cyfnod meddiannu aed ati i ddwgyd holl ffeiliau myfyrwyr y coleg o'r swyddfa weinyddol ar y llawr cyntaf. Cludwyd allan (heb yn wybod i'r coleg ar y pryd) bron i lond 70 bag plastig du mawr o ffeiliau. Gwnaed hynny dros ddwy noson, gan gynnal cyngerdd carolau ar do fflat ger mynedfa'r adeilad a feddiannwyd ar un o'r nosweithiau, tra bod rhai yn gollwng y bagiau duon o ffenest ar ochr arall yr adeilad. Cuddiwyd y bagiau mewn mannau gwahanol. Un o'r cuddfannau oedd cwch yng ngarej y diweddar Eirug Wyn.

Pen draw hyn fu gwylltio'r coleg ymhellach. Efallai nad oedd dim sail i'r peth, ond roedd si ar led fod Myers, Prif Gwnstabl Gogledd Cymru, a Syr Charles yn gyd-Seiri Rhyddion a bod hynny wedi miniogi ymdrech yr heddlu i gael hyd i'r ffeiliau a dal y rhai oedd yn gyfrifol am eu lladrata. Dros Nadolig 1978 bu cyrch egr gan yr heddlu, gan arestio nifer a dychryn llawer o rieni parchus. Ond ni chafwyd hyd i'r ffeiliau, dim ond chwe llond bag a ddaeth i'r fei mewn lle chwech yn Ninas Dinlle. Yn y cyfamser penderfynodd y coleg ddiarddel pump arall: Alwyn Gruffydd, Rhian Eleri, Dewi Llewelyn a Chris Jones oll am ddwy flynedd ac Ifan Roberts am byth.

Ar ddechrau 1979 yr oedd y lle yn dal yn ferw, a chafwyd nifer o brotestiadau pellach, yn rhannol o gwmpas y dyddiau pan oedd gwrandawiadau disgyblu ac apêl y rhai a ddiarddelwyd. Ond cafwyd un diwrnod o brotestio oedd bron yn derfysg gyda llawer o fyfyrwyr o golegau eraill yn bresennol, gan gynnwys rhai byseidiau o Aberystwyth, pryd yr aed ati i beintio waliau'r coleg yng nghefn dydd golau. Arestiwyd tua dwsin yn yr Hen Goleg am hynny, a chafodd rhai eu waldio ar ôl i gerbyd heddlu daro (heb anafu) un neu ddau wrth yrru i mewn i'r dorf ar Ffordd y Coleg. Cafwyd ail ran i'r brotest pryd y blociwyd yr A5 ger swyddfa'r heddlu ac arestiwyd o leiaf 25 arall.

Gwnaed rhyw safiadau symbolaidd eraill, fel yr un ar ddiwedd yr Eisteddfod Ryng-golegol. Ond wedyn aeth carfan lai, fwy dirgel, i wneud rhai gweithgareddau eraill. Tyllwyd y meysydd chwarae ac ysgrifennwyd sloganau pellach hyd y parwydydd ar nifer o adeiladau gwahanol. Dygwyd holl gardiau indecs Llyfrgell y Celfyddydau gan eu taflu i lawr twll chwarel yn Ninorwig. (Fe'u darganfyddwyd rhyw chwe wythnos wedyn a chafodd y coleg gryn waith yn eu didoli mewn oes pan oedd cyfrifiaduron ddim ond yn egino).

Mynd i'r gwellt yn anorfod wnaeth pethau pan ddaeth cyfnod arholiadau a'r sylweddoliad nad ar frys y byddid yn trechu anghenfil fel y coleg. Bu peth ymdrechu llai yn erbyn y sefydliad yn ystod cychwyn yr wythdegau. Daeth rhyw fath o drai ar bethau yn dilyn ergydion o Refferendwm erchyll 1979 ac ar warthaf hynny goroni Margaret Thatcher. Wn i ddim faint o wahaniaeth a wnaeth yr ymlafnio ym Mangor, ond yn sicr bu'n 'addysg' i lawer ohonom tu hwnt i fyd y llyfrau.

Iwan Edgar

Cynheiliaid y drefn yn yr University College of North Wales: Syr Charles Evans, Prifathro'r coleg, yr Arglwydd Kenyon, Llywydd y Llys, ac Eric Hughes, yr un a 'gomisiynodd' y ffotograffau o'r myfyrwyr a'u cefnogwyr. (Archifau a Chasgliadau Arbennig Prifysgol Bangor)

Y dorf yn ymgynnull ar gyfer 'Rali'r Eira' ar y Cwad yng Ngholeg Prifysgol Gogledd Cymru Bangor ar 22 Ionawr 1979. Roedd hon yn rali sylweddol a daeth byseidiau o fyfyrwyr Aberystwyth i Fangor i ddangos cefnogaeth i'r aelodau hynny o UMCB (Undeb Myfyrwyr Colegau Bangor) a gafodd eu hatal o'r coleg.
(Archifau a Chasgliadau Arbennig Prifysgol Bangor)

Y dorf yn y rali ar 'un diwrnod o brotestio oedd bron yn derfysg' yn ôl Iwan Edgar. Asgwrn y gynnen yn y protestiadau hyn oedd bwriad y coleg i ehangu a goblygiadau hynny i'r Gymraeg o fewn y coleg ac yn fwy na dim i gymunedau Cymraeg gogledd Gwynedd a de Môn.
(Archifau a Chasgliadau Arbennig Prifysgol Bangor)

Pump o'r rhai a gafodd eu diarddel o'r coleg yn
mentro ar dir y coleg – Rhian Eleri, Dewi Llewelyn,
Iwan Edgar, Alwyn Gruffydd a Gwion Lynch.
Roeddent yn mentro cosb lymach drwy gamu ar
dir yr oeddent wedi'i wahardd ohono.
(Archifau a Chasgliadau Arbennig Prifysgol Bangor)

Yn y llun hwn gellir gweld rhai o ddarlithwyr a chefnogwyr y myfyrwyr. Yn eu plith, yng nghanol y llun, John Rowlands, y Parch. John Gwilym Jones, Rhisiart Hincks, Brinley Rees a D J Bowen. Yng nghornel uchaf y llun gwelir yr Athro Bedwyr Lewis Jones ac Alwyn Roberts, ac ar dde eithaf y llun ar ymyl y Cwad saif y Dr R Tudur Jones.
(Archifau a Chasgliadau Arbennig Prifysgol Bangor)

Pump o'r rhai a gafodd eu diarddel yn cerdded at y dorf.
(Archifau a Chasgliadau Arbennig Prifysgol Bangor)

Llun o'r dorf drwy un o ffenestri'r coleg.
Yr un sy'n edrych yn syth at y tynnwr lluniau
yw John Llywelyn Williams, warden neuadd
Gymraeg John Morris-Jones ar y pryd.
(Archifau a Chasgliadau Arbennig Prifysgol Bangor)

Areithio ar risiau Neuadd Prichard-Jones yn y rali i
gefnogi protest UMCB a myfyrwyr Cymraeg Bangor,
Ionawr 1979. Aled Eirug, Llywydd UMCA (Undeb
Myfyrwyr Cymraeg Aberystwyth) ar y pryd, sy'n
siarad ac ar y grisiau gydag ef (o'r chwith i'r dde)
mae rhai o'r myfyrwyr a gafodd eu diarddel – Dewi
Llewelyn, Iwan Edgar, Alwyn Gruffydd, Gwion Lynch
ac Ifan Roberts. Cafodd Ifan Roberts ei wahardd o'r
coleg am byth am ei ran yn y gwrthdystiadau.
(Ar y faner y tu ôl iddynt dangosir bathodyn UMCB,
sy'n cynrychioli deilen eiddew i gofio am Lywelyn
ap Gruffudd. Torrwyd pen y Llyw Olaf ar ôl ei ladd,
cyn ei wisgo â choron eiddew a'i arddangos
yn Nhŵr Llundain.)
(Archifau a Chasgliadau Arbennig Prifysgol Bangor)

Y dorf ger grisiau Neuadd Prichard-Jones. Yn amlwg yn y llun mae Gwion Lynch a Dewi Llewelyn wrth ymyl y car y defnyddiwyd ei fatri i yrru'r uchelseinydd.
(Archifau a Chasgliadau Arbennig Prifysgol Bangor)

Protest ar do'r coleg ger Neuadd Prichard-Jones, Coleg Prifysgol Bangor. Mae'r protestwyr yn ceisio cuddio eu hwynebau rhag i awdurdodau'r coleg eu hadnabod a dwyn camau yn eu herbyn. Yn y llun hwn mae Geraint Evans, Dewi Llewelyn, John Trefor, Robat Trefor a Wyn Meredydd yn rhoi ei ben allan o'r ffenest ar y dde. Angharad Tomos sydd yng nghornel chwith y llun ac Alwyn Gruffydd sy'n dal yr ysgol.
(Archifau a Chasgliadau Arbennig Prifysgol Bangor)

Marian Tomos (Elis wedyn), Robat Trefor a Huw Dylan Jones yn glynu sticeri ar ffenestri'r coleg. (Archifau a Chasgliadau Arbennig Prifysgol Bangor)

Rhai o ferched UMCB yn cerdded i ffwrdd ar ôl glynu sticeri – maent yn cuddio eu hwynebau rhag cael eu hadnabod gan awdurdodau'r coleg. (Archifau a Chasgliadau Arbennig Prifysgol Bangor)

Gorymdaith ar hyd Ffordd y Coleg, Chwefror 1979.
(Archifau a Chasgliadau Arbennig Prifysgol Bangor)

Protest ar ganol y ffordd ym Mangor Uchaf,
Chwefror 1979.
(Archifau a Chasgliadau Arbennig Prifysgol Bangor)

Addurno waliau llyfrgell coleg Bangor gyda slogan
'Brad y Coleg' a chynnwys tun o baent, Chwefror 1979.
(Archifau a Chasgliadau Arbennig Prifysgol Bangor)

Protest ar y Cwad y tu allan i Lyfrgell y Celfyddydau,
Coleg Prifysgol Bangor, Chwefror 1979 – gwelir y sloganau
sydd newydd eu peintio ar wal a ffenestri'r adeilad, ac
ambell blismon cudd canol oed yng nghanol y bobl ifanc.
(Archifau a Chasgliadau Arbennig Prifysgol Bangor)

'DAL I GERDDED 'MLAEN'

YMGYRCHWYR AC YMGYRCHOEDD

Fe barhaodd y protestiadau trwy'r saithdegau a'r wythdegau a hynny mewn sawl ymgyrch wahanol. Wrth i Gymdeithas yr Iaith geisio sicrhau statws swyddogol ar gyfer y Gymraeg, daeth y Post Brenhinol yn un o'r prif dargedau ac yn un o'r targedau mwyaf di-ildio. Roedd yr ymgyrchoedd yn y cyfnod hwn yn amrywio o alwadau i ehangu addysg cyfrwng Cymraeg i alwadau (unwaith eto) am Ddeddf Iaith newydd gynhwysfawr. Yn sgil nifer o'r ymgyrchoedd hyn fe gafodd rhai ymgyrchwyr blaenllaw eu carcharu fwy nag unwaith.

CAMPAIGNS AND CAMPAIGNERS

Protests continued throughout the seventies and eighties on several fronts. As Cymdeithas yr Iaith tried to ensure official status for the Welsh language, the Royal Mail proved to be one of its more intransigent targets. Campaigns during this period ranged from calls for the expansion of Welsh-medium education to calls (yet again) for a comprehensive new Language Act. Many of these protests resulted in regular jail sentences for some prominent activists.

DAL ATI

Dwi'n chwerthin wrth feddwl am y peth. Fel bachgen ifanc sy'n rhy ifanc i fynd i'r rhyfel, roeddwn yn fflamio mai plentyn ysgol oeddwn i ar ddechrau'r saithdegau. A'm pryder mwyaf? Y byddai'r chwyldro wedi gorffen cyn i mi gael bod yn rhan ohono! Petai tylwyth teg wedi sibrwd yn fy nghlust 'radeg honno y byddwn yn dal wrthi yn hanner cant, byddwn wedi wfftio'r syniad.

Roeddwn yn Gadeirydd Cymdeithas yr Iaith rhwng 1982 ac 1984. Margaret Thatcher ar ei gorsedd, Bobby Sands yn farw, Rhyfel y Malvinas yn ei anterth a Streic y Glowyr a'r cwotâu llaeth heb ein taro eto. Doedd Cyfrifiad 1981 ddim yn cynnig unrhyw esgus i orffwys ar ein rhwyfau. Ond wedi degawd a mwy, roedd Sianel Pedwar Cymru ar yr awyr, felly tân 'dani a dal ati efo'r ymgyrchu.

Cyn dyddiau Ron Davies, bod o blaned arall oedd Ysgrifennydd Gwladol Cymru (heb fod mor glên â Superted). Cawsom gyfres o'r pethau rhyfeddaf dan haul: Nicholas Edwards, Peter Walker, John Redwood a Wyn Roberts fel rhyw bapur wal Cymreig i guddio'r diffygion. Gwrthodai'r Torïaid â chyfarfod efo Cymdeithas yr Iaith. Doedd dim tir cyffredin, dim

cyfaddawd, Ni yn erbyn Nhw oedd hi – dyna f'atgof i o'r wythdegau.

Yn 1982 y cychwynnodd yr ymgyrch i gael Deddf Iaith newydd. Roedd hi'n hen bryd cael un, a dylai honno fod wedi bod yn ymgyrch hawdd i'w hennill. (Ha ha ha, dwi'n chwerthin wrth feddwl.) Yn dilyn maniffesto newydd Cymdeithas yr Iaith yn 1982, roedd angen cael trefn ar addysg Gymraeg hefyd, a dyma gychwyn yr ymgyrch dros Gorff Datblygu Addysg Gymraeg. Daw'r lluniau â chymaint o atgofion yn ôl. Dyna chi hwnnw o Ffred, Merêd a Dafydd Iwan ar dudalen 156, wedi i Ffred ddod o'r carchar yn 1986 (am ei ran yn yr ymgyrch addysg). Tra oedd Ffred yng ngharchar, roedd Meinir wedi rhoi genedigaeth i'w pumed plentyn, Gwenno Teifi. Bu'n garchariad hynod a sbardunodd gymaint o weithredu, megis peintio'r Cyd-bwyllgor Addysg bob wythnos. Bu'r carchariad yn gyfle i Ffred fyfyrio'n ddyfnach ar y 'dull di-drais', a thra oedd dan glo recordiwyd ei lais a'i throi yn gân rap! Y gân honno fu'r symbyliad i mi wnïo'r faner a welir yng nghefn y llun. Gallwch weld y gwahaniaeth rhwng honno a'r un ddeuliw a wnes ar y tu blaen. Gwnïo'r llythrennau â llaw a wnawn, ar hen gynfasau, yn y dyddiau cyn-ddigidol, cyn-blastig bron, hynny. Ac un da ydi Merêd hefyd, yno'n gadarn fel y graig, fel mae o wedi bod ers Oes y Cerrig. Y tu ôl i Dafydd Iwan (a gadwch i mi ddiolch i fynta hefyd am ddal ati i'm hysbrydoli) mae'r geiriau 'Dewch Gyda Ni'. Roedden ni wastad yn dweud hynny, ond tenau oedd y torfeydd, dim byd tebyg i ralïau mawr dechrau'r saithdegau.

Ac yna, digwyddodd. Dyma gychwyn yr ymgyrch 'Nid yw Cymru ar Werth' tua 1987, a chydiodd yn nychymyg pobl. Efallai ei fod yn slogan haws i'w ddeall na'r Corff Datblygu... Roedd pobl yn gweld effaith y mewnlifiad o ddydd i ddydd, ac yn crefu ar i rywbeth ddigwydd. Dyfed Edwards (arweinydd Cyngor Gwynedd bellach) oedd cadeirydd yr ymgyrch a minnau'n ysgrifennydd. Rydan ni ar yr ochr chwith i'r llun ar dudalen 179. Daeth pobl yn eu cannoedd i'r ralïau hynny. Dwi'n adnabod pawb bron yn y lluniau ac maen nhw'n tynnu at eu deugain bellach, yn gweithio yn y BBC, yn y Llyfrgell Genedlaethol, mewn llywodraeth leol, a dwi'n eu gweld o bryd i'w gilydd. Buont yn hynod driw i'r Gymdeithas drwy eu cyfnod coleg, yn enwedig criw Aberystwyth. Byddai trefn arbennig i'r ralïau. Ymgynnull mewn man penodol, gorymdeithio i swyddfeydd arwerthwyr tai, fan yn dod yno, ac o'i chefn byddai'r placardiau 'Ar Werth' yn ymddangos. Pawb i eistedd lawr wedyn i wrando ar yr araith. Cen Llwyd yw'r un sydd yn annerch y dorf yn y llun ar dudalen 180, a Sian Howys ifanc yn dal y corn – dau sydd wedi rhoi oes o wasanaeth i'r mudiad. Yng nghanol y dorf mae merch ifanc bengoch ddeunaw oed, Branwen Nicholas ydy hi. Y tu ôl iddi o bosib mae pen pigog Alun Llwyd. Ddwy flynedd wedi'r rali gychwynnol hon, torrodd y ddau i mewn i swyddfa'r

Ceidwadwyr yn Llandrillo a chreu difrod. Arweiniodd hynny at achos Alun a Branwen, a bu'r gefnogaeth i'r achos hwnnw yn anhygoel.

Am ryw reswm (na ddeallais i erioed), penderfynwyd gollwng y slogan 'Nid yw Cymru ar Werth' a defnyddio ein gofyniad penodol 'Deddf Eiddo'. Ta waeth am hynny, yr hyn gydiodd yn nychymyg pobl oedd fod dau berson ifanc wedi ceisio gwneud rhywbeth ynglŷn â'r sefyllfa dai yng Nghymru, a'u bod yn cael eu llusgo i Lys y Goron. Am wythnos yn haf 1991 buom yn gwersylla wrth Lys y Goron yr Wyddgrug. Roedd rhyw 50 o drefi a phentrefi Cymru yn gallu brolio bod dros 50 y cant o'u trigolion yn siarad Cymraeg. Peintiais enwau pob un o'r mannau hyn ar ddarn o bren, a nodi ' – dros Ddeddf Eiddo' arnynt. Pe gwnawn hynny heddiw, byddai'n hanner y gwaith.

Fe allem chwerwi, fe allem ddigalonni, yn enwedig wedi canlyniadau Cyfrifiad 2011, ond does fawr o bwynt yn hynny. Yn hytrach, dwi'n edrych ar y lluniau. Edrychwch ar yr wynebau, teimlwch yr afiaith a'r llawenydd. Gallwch deimlo'r brwdfrydedd a'r sêl. Dal ati sy'n bwysig. Mae yna gymaint o wledydd sy'n dioddef cymaint mwy na Chymru – ysgafn yw ein baich ni o gymharu.

Ond mae yna rywbeth yn ein cydio, ac a fydd yn ein cydio. Mae yna fyd arall gwahanol *yn* bosib, a'n braint ni yw cael bod yn rhan o'r frwydr fyd-eang i'w wireddu.

Angharad Tomos

Ar ddechrau'r saithdegau rhoddodd y Gymdeithas gynnig ar geisio ennill cefnogaeth mewn ardaloedd di-Gymraeg. Yn y llun gwelir Meinir Ffransis yn ceisio darbwyllo dau o drigolion di-Gymraeg Llanidloes o bwysigrwydd achub y Gymraeg. (Raymond Daniel)

O holl dargedau'r ymgyrch i ennill statws swyddogol i'r Gymraeg, y Post Brenhinol fu un o'r rhai mwyaf styfnig i gydsynio i ehangu eu defnydd o'r iaith. Yma gwelir aelodau Cymdeithas yr Iaith yn targedu prif swyddfa'r Post Brenhinol yng Nghaerdydd yn 1974 trwy lynu sticeri a gludo cloeon y drysau. (Geoff Charles)

Ifan Roberts yn glynu sticeri ar swyddfeydd y Post Brenhinol, Caerdydd, 1974. (Geoff Charles)

Heddwas wrth ymyl swyddfeydd y
Post Brenhinol, 1974. (Geoff Charles)

Wynfford James, arweinydd Grŵp
Darlledu Cymdeithas yr Iaith yng
nghanol y saithdegau.
(Geoff Charles)

Yn y llun gwelir Helen Greenwood, Swyddog Gweinyddol y Gymdeithas rhwng 1985 ac 1991. Rhwng 1974 ac 1986 bu swyddfa ganolog mewn seler ym Maes Albert, Aberystwyth. Gellid dweud mai dyma'r agosaf y daeth Cymdeithas yr Iaith erioed i fod yn fudiad tanddaearol go iawn! (Arvid Parry Jones)

Elfed Lewys yn peintio slogan Deddf Iaith ar wal y Swyddfa Gymreig fel rhan o'r ymgyrch wythnosol a gychwynnodd yn Eisteddfod Genedlaethol Casnewydd, 1988. Roedd Elfed Lewys, y gweinidog a'r baledwr, yn ffigur amlwg a mynych ym mhrotestiadau Cymdeithas yr Iaith. Gweinidog arall i gyflawni'r weithred hon oedd y Parch. Stanley Lewis. Ef oedd y gŵr hynaf erioed i weithredu yn enw'r Gymdeithas. (*Western Mail*)

Angharad Tomos yn cael ei harestio gan ddau blismon wrth ymyl gorsaf reilffordd Aberystwyth – protest Deddf Iaith, 1980. Angharad Tomos oedd un o weithredwyr mwyaf cyson a di-ildio Cymdeithas yr Iaith yn y cyfnod yma. Bu'n bresennol mewn degau o ralïau a phrotestiadau a chael ei harestio a'i charcharu droeon dros yr achos. Tri mis oedd y cyfnod hiraf iddi ei dreulio yn y carchar, ond fe'i carcharwyd dros hanner dwsin o weithiau i gyd. (Marian Delyth)

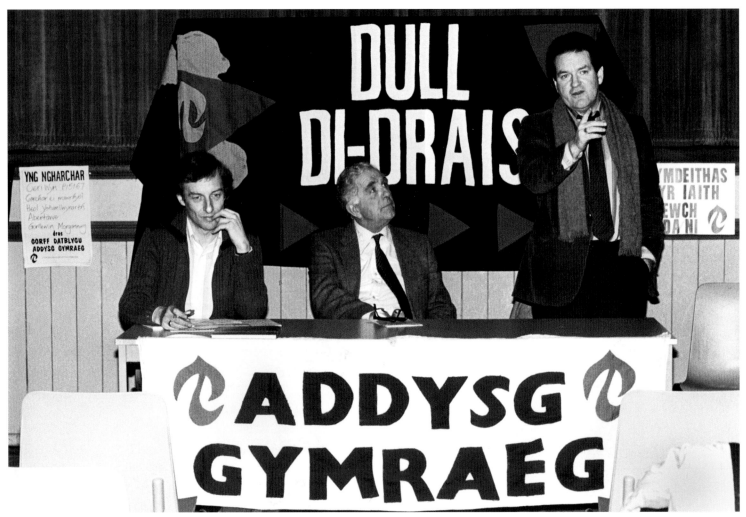

Cyfarfod croesawu Ffred Ffransis o garchar gyda Meredydd Evans a Dafydd Iwan yn Neuadd Tal-y-bont, 1986. Fe'i carcharwyd yn dilyn protest dros Gorff Datblygu Addysg Gymraeg. Go brin fod neb wedi gwneud mwy na Ffred Ffransis i sicrhau goroesiad Cymdeithas yr Iaith dros y degawdau. Ef yn anad neb fu'n bennaf cyfrifol am sicrhau bod y mudiad yn glynu'n ddeddfol wrth yr egwyddor ddi-drais. Ef hefyd yw'r aelod a dreuliodd y cyfnod hiraf yn y carchar (roedd yn y carchar adeg geni ei ferch, Gwenno Teifi – diau fod protestio yn y gwaed oherwydd fe'i carcharwyd hithau hefyd yn 2004 a 2007). (Marian Delyth)

'Iaith Ein Plant?'
(Marian Delyth)

Peintio neu ddileu? (Marian Delyth)

'Y CYFLE OLAF'

YMGYRCHU DROS DDEDDF IAITH NEWYDD

Ar ddiwedd yr wythdegau a dechrau'r nawdegau cynyddodd momentwm yr ymgyrchu dros Ddeddf Iaith newydd, gan ddiweddu mewn dwy rali dorfol enfawr o flaen adeilad y Swyddfa Gymreig yng Nghaerdydd. Fe ddaeth mil o bobl i wrthdystiad Cymdeithas yr Iaith yn galw am Ddeddf Iaith newydd yn 1989. Fe'i dilynwyd gan rali amlbleidiol yn 1990 i gefnogi Deddf Iaith newydd, sef 'Rali Hywel Teifi'. Hwn oedd un o'r protestiadau cyhoeddus mwyaf i'w gynnal yng Nghymru ers dechrau'r saithdegau. Fe ildiodd Llywodraeth Prydain i'r ymgyrchoedd hyn trwy basio Deddf Iaith newydd yn 1993, ond maes o law gwelwyd bod y ddeddf hon hefyd yn ddiffygiol mewn sawl ffordd, ac fe barhaodd yr ymgyrchu.

A NEW WELSH LANGUAGE ACT

In the late eighties and early nineties the campaign for a new Welsh Language Act gathered momentum, which culminated in mass rallies in front of the Welsh Office buildings in Cardiff. A thousand people attended Cymdeithas yr Iaith's demonstration calling for a new Language Act in 1989. This was followed by a cross-party rally in 1990 in support of a new Welsh Language Act, one of the largest public protests held in Wales since the early seventies. The British Government finally gave in to pressure and mass protests such as these by passing a new Welsh Language Act in 1993. Despite this, the Act was soon found to be lacking in several areas, and so the campaigning continued.

Y dorf y tu allan i'r Swyddfa Gymreig ym Mharc Cathays, Caerdydd, yn Rali Genedlaethol Cymdeithas yr Iaith dros Ddeddf Iaith ddydd Sadwrn, 28 Ionawr 1989. Rali anferth oedd hon gyda mwy na mil o bobl yn bresennol. Cafwyd cefnogaeth gref iawn gan Ferched y Wawr a mudiadau Cymreig eraill. Ers Eisteddfod Genedlaethol Casnewydd y flwyddyn cynt roedd 40 a mwy o weithredwyr wedi bod yn peintio'r slogan 'Deddf Iaith' ar wal y Swyddfa Gymreig – a hynny wedi cynddeiriogi Wyn Roberts, y Gweinidog â chyfrifoldeb dros y Gymraeg. Yr oedd ef yn mynnu bod paent aerosol y Gymdeithas yn dinistrio'r wal y tu allan i'r Swyddfa Gymreig ac yn dinistrio'r amgylchedd hefyd! Roedd hyn felly'n benllanw bron i hanner blwyddyn o ymgyrchu yn erbyn y wal arbennig hon ac fe orymdeithiodd y dyrfa fawr o adeilad Undeb y Myfyrwyr yng Nghaerdydd i Barc Cathays i fod yn llygad-dyst i ragor o beintio. (Marian Delyth)

Rhan o'r dorf y tu allan i'r Swyddfa Gymreig ym Mharc Cathays, Caerdydd. (Marian Delyth)

Meredydd Evans yn paratoi i weithredu â'i aerosol paent – uchafbwynt y rali. Roedd ganddo dun aerosol yn ei law yn barod i beintio'r wal, ond er iddo wneud ei orau, ni ddeuai unrhyw hylif allan o'r tun paent (efallai am ei fod yn cael ei ddal â'i ben i lawr). Rhoddodd sawl cynnig arni ond heb rhyw lawer o lwyddiant. Nid oedd yn rhy hapus pan ddaeth yr heddlu i'w arestio ac yntau heb adael ei farc. Ond roedd y plismyn yn fwy na hapus i'w gludo ymaith: 'Peidiwch poeni,' medden nhw, 'fe gymrwn ni arnom eich bod wedi peintio'r wal.' (Marian Delyth)

Hedd Ladd Lewis ym mreichiau'r heddlu. (Marian Delyth)

Arestio Dafydd Morgan Lewis am beintio slogan yn galw am Ddeddf Iaith ar adeiladau'r Llywodraeth yn Aberystwyth, 31 Mawrth 1990. Ar ôl cyfarfod cyhoeddus i alw am Ddeddf Iaith yng Nghanolfan y Celfyddydau gorymdeithiodd y dorf drwy'r dref i swyddfa'r heddlu ac arestiwyd nifer o aelodau'r Gymdeithas ar y ffordd am beintio sloganau – Dafydd Morgan Lewis yn eu plith. Mae Llŷr Huws Griffiths ymhlith y rhai sy'n mynegi eu hanfodlonrwydd. (Marian Delyth)

Y dorf yn 'Rali Hywel Teifi', 1990. Hon oedd un o'r ralïau mwyaf a welwyd yng Nghymru ers y saithdegau gyda miloedd o bobl yn bresennol. Nod y rali oedd pwyso ar y Llywodraeth Geidwadol i basio Deddf Iaith newydd. Daeth cynrychiolwyr sawl mudiad a phlaid ynghyd i ddangos eu cefnogaeth, ond y gŵr a ysbrydolodd y rali ac a alwodd ar bawb i ddod i Gaerdydd i wrthdystio oedd yr Athro Hywel Teifi Edwards. (Marian Delyth)

Hywel Teifi yn siarad ar risiau'r Swyddfa Gymreig. (Marian Delyth)

Dafydd Wigley AS ar y grisiau. Cyflwynodd
Dafydd Wigley a'r Arglwydd Gwilym Prys Davies
Fesurau Iaith yn Nhŷ'r Cyffredin a Thŷ'r
Arglwyddi er mwyn dwyn pwysau cyfansoddiadol
ar y Llywodraeth Dorïaidd i basio Deddf Iaith
newydd. (Marian Delyth)

Yr Arglwydd Gwilym Prys Davies, aelod Llafur o Dŷ'r Arglwyddi. Bu'n blediwr cyson dros y Gymraeg a'i chymunedau drwy gydol ei yrfa fel gweriniaethwr, gwleidydd Llafur ac aelod o Dŷ'r Arglwyddi. (Marian Delyth)

Un arall o wleidyddion San Steffan a fu'n gefnogol i achos y Gymraeg ar hyd y blynyddoedd oedd Richard Livsey, Aelod Seneddol y Democratiaid Rhyddfrydol dros Frycheiniog a Maesyfed. Ef yw'r ail o'r dde yn y llun. (Marian Delyth)

Glyn James, un o hoelion wyth Cymreictod y Rhondda ac ymgyrchydd diflino dros Blaid Cymru a'r Gymraeg yn y cwm. (Marian Delyth)

Dafydd Elis-Thomas, Aelod Seneddol Meirionnydd Nant Conwy, a Gwynfor Evans, Llywydd Anrhydeddus Plaid Cymru, yn ysgwyd llaw yn ystod y rali. (Marian Delyth)

'DAL DY DIR'

WYNEBU'R MEWNLIFIAD

Yng nghanol llwyddiannau diamheuol ymgyrchoedd yr hanner canrif diwethaf – Deddfau a Mesur Iaith, sefydlu S4C ac arwyddion ffyrdd dwyieithog – roedd un pwnc llosg lle na chafwyd llwyddiant arhosol, sef yr ymdrechion i atal trai yr iaith yn y Fro Gymraeg. Dyma oedd yr 'eliffant yn yr ystafell' ym mrwydr yr iaith, gyda Chyfrifiad ar ôl Cyfrifiad yn dangos erydu cyson yng nghanrannau nifer siaradwyr y Gymraeg yn y cymunedau hyn. Heb oroesiad y cadarnleoedd, gwan iawn fyddai'r gobeithion i sicrhau dyfodol i'r iaith. Dros y degawdau mae ymgyrchwyr wedi tynnu sylw at effaith ddinistriol mewnfudo, y farchnad dai a pholisïau cynllunio ar ddyfodol y Gymraeg.

STAND YOUR GROUND

Despite the many successes of Welsh-language campaigners over the last half century, there is one issue where no lasting progress has been made – the efforts to stop the decline of the language in the Welsh-speaking heartlands. Without the survival of the language in these areas, any hope for a future for the Welsh language and culture remains bleak. Over the years, campaigners have drawn attention to the devastating impact on the language of in-migration of English speakers and the outward migration of young Welsh speakers, exacerbated by the housing market and planning issues.

Aelodau o Gymdeithas yr Iaith yn torri ar draws Llys y Brifysgol yn Aberystwyth mewn protest yn erbyn ehangu a Seisnigo'r Brifysgol, 1970. Fel yn achos y Brifysgol ym Mangor, byddai ehangu'r coleg yn Aberystwyth yn cael effaith niweidiol ar Gymreictod gogledd Ceredigion, effaith sy'n parhau heddiw. (Raymond Daniel)

Aelodau'r Gymdeithas yn atal arwerthiant tai yng Nghaernarfon mewn protest yn erbyn tai haf, 1972. (Geoff Charles)

Rhai o aelodau Adfer yn gweithio ar adnewyddu Tŷ Gwyn, Pentre, Tregaron, ar ddechrau'r saithdegau. Y gweithwyr yn y llun yw Gwynfryn Evans, Catrin Beynon Davies (Stevens wedyn), Dafydd Gwyn Evans, Emyr Llywelyn, Cledwyn Fychan, Cynog Dafis a Dafydd Gapper. Datblygodd Adfer yn fudiad dadleuol ond dylanwadol yn y saithdegau a'r wythdegau, gan ymgyrchu ar faterion arwyddion ffyrdd, tai haf a pholisïau cynllunio a Chymreigio gweinyddiaeth fewnol cyrff cyhoeddus fel Awdurdod Iechyd Gwynedd a'r cynghorau sir. Er mai edwino wnaeth y mudiad, cafodd ddylanwad sylweddol ar fudiadau eraill megis UMCB a Cymuned ac mae ei syniad creiddiol o bwysigrwydd gwarchod ac 'adfer' y Fro Gymraeg yn parhau'n berthnasol. (Raymond Daniel)

Protest 'Nid yw Cymru ar Werth' Cymdeithas yr Iaith o blaid Deddf Eiddo, Aberystwyth, Tachwedd 1989 – gydag ambell ddarpar arweinydd Cyngor Sir ac Aelod Cynulliad yn y dorf. Erbyn canol yr wythdegau roedd y mewnlifiad i'r ardaloedd Cymraeg wedi cyflymu'n sylweddol a Chymry lleol yn cael eu prisio allan o'r farchnad dai. Dyma'r cyfnod hefyd pan oedd yr ymgyrch llosgi tai haf a'r ymosodiadau ar swyddfeydd gwerthwyr tai yn Lloegr ar eu hanterth. Ymateb Cymdeithas yr Iaith oedd galw am Ddeddf Eiddo i reoli'r farchnad dai ac atal y mewnlifiad o Saeson a'r all-lif o Gymry Cymraeg. (Marian Delyth)

Protest 'Nid yw Cymru ar Werth', Aberystwyth. Cen Llwyd sy'n cyfarch y dorf a Sian Howys sy'n dal y corn siarad. Mae Owen Llywelyn (Llywydd UMCA ar y pryd), Branwen Niclas a Rocet Arwel Jones yn amlwg yn rhes flaen y dorf. (Marian Delyth)

Protestwyr a chwsmeriaid y tu allan i swyddfa gwerthwyr tai Evans Bros yn Aberystwyth, Tachwedd 1989. (Marian Delyth)

Plismyn yn cario arwyddion gwerthwyr tai ar ddiwedd protest 'Nid yw Cymru ar Werth', Aberystwyth, Tachwedd 1989. (Marian Delyth)

Achos Alun Llwyd a Branwen Niclas, Llys y Goron yr Wyddgrug, Medi 1991. Carcharwyd Alun Llwyd a Branwen Niclas am flwyddyn (gyda chwe mis wedi'i ohirio) yn dilyn yr achos hwn. Cawsant eu cyhuddo o fwrgleriaeth a difrod troseddol ar ôl torri i mewn a difrodi eiddo yn adeiladau'r Swyddfa Gymreig yn Llandrillo yn Rhos er mwyn tynnu sylw at yr angen am Ddeddf Eiddo i sicrhau rheolaeth dros y farchnad dai. Roedd yr wyth wedi sefyll yn y llys ac arddangos y neges ar eu crysau wrth i'r Barnwr agor y gweithgareddau. Mae'r modelau yn y llun yn cynnwys (o'r chwith) Angharad Tomos, Gwyn Sion Ifan, Morys Gruffydd, Aled Davies, Sioned Elin, Siwan Mererid, Simon Brooks ac Elen Wyn. (Cymdeithas yr Iaith)

Gwersyll y tu allan i Lys y Goron yr Wyddgrug
adeg achos Branwen Niclas ac Alun Llwyd.
(Cymdeithas yr Iaith)

Dewi Prysor mewn protest Cymdeithas yr Iaith yn 1992; bu hefyd yn weithgar fel aelod o Cymuned. Sefydlwyd mudiad Cymuned gyda'r nod penodol o ymgyrchu dros hawliau cymunedau Cymraeg eu hiaith, anghyfiawnder sefyllfa'r farchnad dai a'r diffyg tai fforddiadwy yng Nghymru, yn enwedig yn y Fro Gymraeg. (Marian Delyth)

Cyfarfod sefydlu Cymuned yn Neuadd Goffa Mynytho, Gorffennaf 2001. (Marian Delyth)

Seimon Glyn yng nghyfarfod sefydlu Cymuned. Roedd Seimon Glyn yn un o sylfaenwyr Cymuned ond daeth i amlygrwydd yn 2001 yn sgil helynt a gododd ar ôl iddo ddatgan ei farn am effaith y mewnlifiad ar Ben Llŷn mewn cyfweliad ar Radio Wales. Dywedodd fod yr iaith a'r diwylliant o dan fygythiad oherwydd amharodrwydd mewnfudwyr o Saeson i ddysgu Cymraeg, ac at hynny meddai: 'In my opinion, it is no use to the community to have retired people from England coming down here to live and being a drain on our resources.' Cafwyd ymateb ffyrnig, yn enwedig gan wleidyddion a chefnogwyr y Blaid Lafur fel Glenys Kinnock, Paul Starling a'r Welsh Mirror. (Marian Delyth)

Protest Merched Beca Cymuned ynghylch yr argyfwng tai a'r mewnlifiad i'r Fro Gymraeg yn Eisteddfod Genedlaethol Tŷddewi, 2002. Yn y llun gwelir Twm Morys, Dewi Prysor, Aran Jones ac eraill. (Jeff Morgan)

Emyr Llywelyn yn areithio y tu allan i bencadlys Cyngor Sir Ceredigion yn Aberaeron ym mis Medi 2002, gyda Meredydd Evans yn y cefndir. Protest gan Gymdeithas yr Iaith oedd hon yn erbyn Cynllun Datblygu Unedol y Cyngor, oedd yn rhagweld codi hyd at 6,500 o dai newydd yn y sir dros 15 mlynedd. Erbyn Cyfrifiad 2011 byddai nifer y siaradwyr Cymraeg yng Ngheredigion wedi disgyn i 47 y cant. (Marian Delyth)

Simon Brooks ar y bocs sebon y tu allan i babell Cymdeithas yr Iaith, Eisteddfod Glynebwy, 2010. Bu Simon Brooks yn flaenllaw yn sefydlu mudiad Cymuned ac ymgyrch Achub S4C Cymdeithas yr Iaith yn 2010, ac yn ddiweddarach bu'n un o sylfaenwyr grŵp lobïo Dyfodol i'r Iaith. (Jeff Morgan)

189

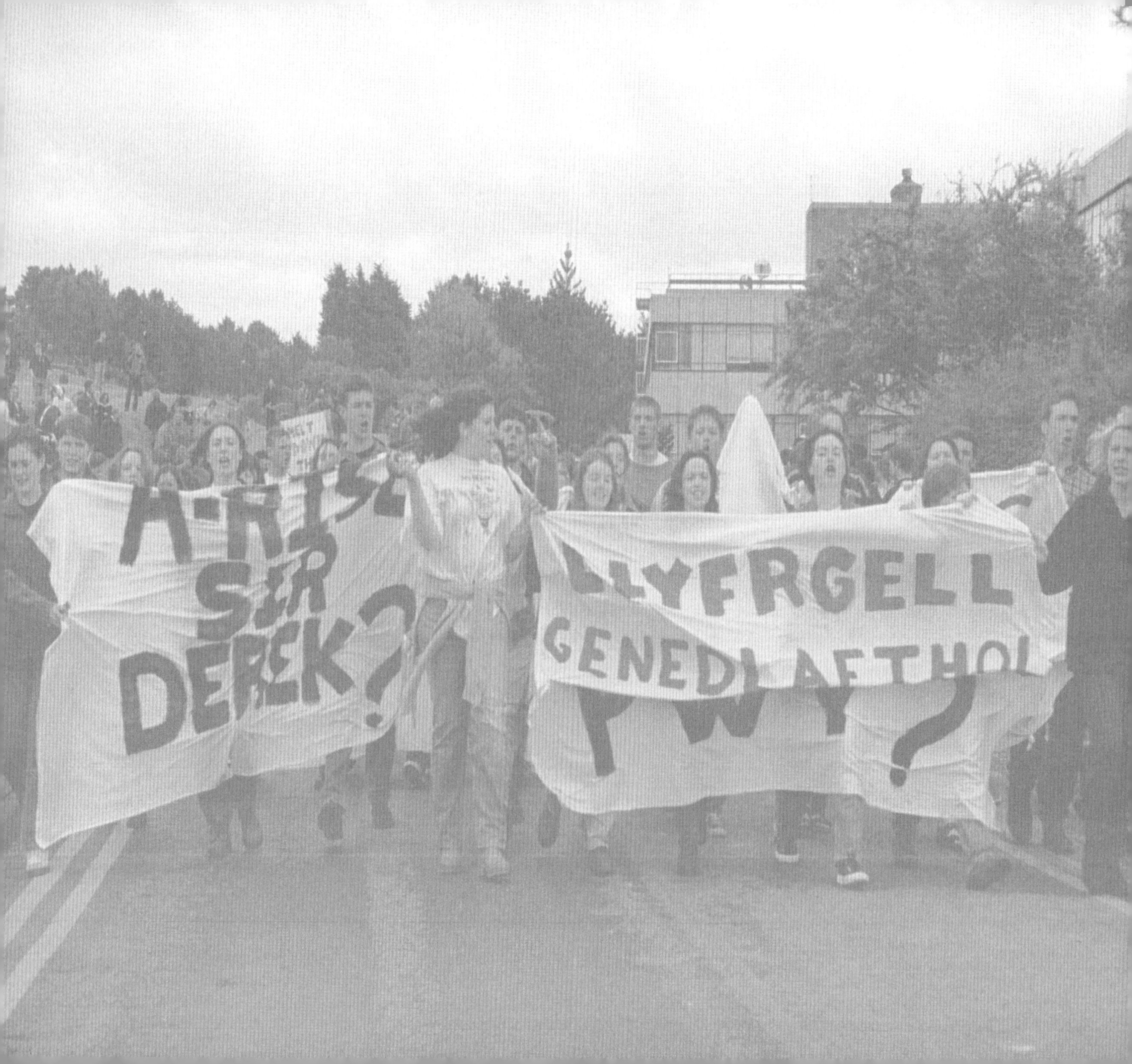
SYR
DEREK?
LLYFRGELL
GENEDLAETHOL
PWY?

'MAE'R FRWYDR YN PARHAU'

CANRIF NEWYDD, CYMRU NEWYDD?

Bu canlyniad Refferendwm 1997 yn drobwynt allweddol yn hanes diweddar Cymru, gan weddnewid sawl agwedd ar fywyd cyhoeddus y genedl. Er sefydlu'r Cynulliad Cenedlaethol ym Mae Caerdydd, digon bregus yw sefyllfa'r iaith o hyd wrth iddi wynebu canrif newydd. Felly parhaodd y gwrthdystio a'r lobïo yn yr unfed ganrif ar hugain mewn sawl maes – statws, addysg, darlledu ac effaith niweidiol polisïau datblygu a chynllunio economaidd ar y Gymraeg a'i chymunedau. Yn gymysg â'r ymgyrchu hwn cafwyd achos i ddathlu a chofio ymgyrchoedd ac ymgyrchwyr y gorffennol.

A NEW CENTURY, A NEW WALES?

Campaigning goes on for the future of the language in a post-devolution Wales. Campaigns featured in these photographs include Welsh-language students' protests against the Queen, concerns about the impact of education and broadcasting policies on the language, campaigns for a stronger Welsh Language Act and a major rally to safeguard S4C from Government funding cutbacks.

YMGYRCHOEDD DEDDF IAITH 1993 A MESUR IAITH 2011

Er mor annigonol oedd Deddf yr Iaith 1967, ni wnaeth y Gymdeithas ei hun gychwyn ymgyrchu dros Ddeddf Iaith rymusach tan 1983. Erbyn hynny roedd yr ymgyrchoedd dros arwyddion ffyrdd dwyieithog a sianel deledu Gymraeg wedi eu hennill (i raddau beth bynnag). Aeth Grŵp Statws y Gymdeithas, o dan arweiniad Menna Elfyn, ati i drefnu cynhadledd yn Aberystwyth. Sefydlwyd gweithgor annibynnol dan arweiniad Meredydd Evans, Dafydd Jenkins a Gwilym Prys Davies er mwyn hyrwyddo'r ymgyrch dros Ddeddf Iaith ymhellach.

Wrth gwrs, roedd torcyfraith yn rhan o'r ymgyrchu. Fe fyddai yna ymgyrchu misol yn erbyn targedau a brofai'r angen am Ddeddf Iaith. Tros y blynyddoedd nesaf fe fyddai ymgyrchu tros blatiau car 'D' a phrotestio yn erbyn polisi iaith Awdurdod Iechyd Gwynedd, ac fe fyddai peintio sloganau yn digwydd ar siopau'r Stryd Fawr, mewn swyddfeydd post, cymdeithasau adeiladu a banciau.

I raddau helaeth, fe fyddai'r Gymdeithas yn cadw at y polisi hwn o dargedu gwahanol sefydliadau er mwyn tynnu sylw at yr angen am Ddeddf Iaith gryfach am 30 mlynedd o'r bron. Fe fyddai yna gyfnodau tawel, wrth gwrs, ac fe newidid y targedau o dro i dro. Yn ddiweddarach fe ddeuai cwmnïau ffôn symudol ac archfarchnadoedd yn dargedau dilys.

Nid peth hawdd oedd rhedeg yr ymgyrch hon yn ystod yr wythdegau gan fod y Gymdeithas ar y pryd yn ymgyrchu dros Gorff Datblygu Addysg Gymraeg. Ond yna, tua 1988, cafodd ei hadfywio. I griw o fyfyrwyr yn Aberystwyth y mae'r diolch am hynny. Fe fyddai gweithgarwch Alun Llwyd, Branwen Niclas ac Owain Llywelyn yn esgor ar gyfnod chwedlonol yn hanes y Gymdeithas yn y coleg.

Rhaid pwysleisio fod 1988 yn flwyddyn arbennig iawn yn y frwydr dros Ddeddf Iaith. Gwelwyd ymgyrchu yn erbyn Cyngor Dyffryn Lliw, y banciau, y DVLC a'r Swyddfa Bost. Ond yr hyn a gofir orau yw i 13 o Gymry amlwg beintio'r slogan 'Deddf Iaith Newydd' ar wal y Swyddfa Gymreig yn ystod Eisteddfod Genedlaethol Casnewydd. Arweiniodd hyn at sloganu'r Swyddfa Gymreig gyda'r geiriau 'Deddf Iaith Newydd' bob wythnos o'r bron hyd at ddiwedd y flwyddyn. Ystyrid y rhai a gymerodd ran yn Gymry 'parchus' a bu i bob un gymryd cyfrifoldeb am ei weithred.

Yn ystod y flwyddyn fe fu symud hefyd ar y ffrynt cyfansoddiadol pan sefydlodd Peter Walker, Ysgrifennydd Gwladol Cymru, Fwrdd yr Iaith Gymraeg o dan gadeiryddiaeth John Elfed Jones. Croesawyd hyn gan rai gwleidyddion ond llugoer a dweud y lleiaf oedd ymateb y Gymdeithas. I'r Gymdeithas, sicrhau Deddf Iaith, a dim llai, oedd y nod.

Arwydd o hyn oedd y rali anferth a drefnwyd gennym yng Nghaerdydd ym mis Ionawr 1989. Tros y tair blynedd nesaf fe drefnid nifer o ralïau mawr fel hyn, yng Nghaerdydd ac Aberystwyth yn bennaf. Ond Hywel Teifi Edwards, ac nid y Gymdeithas, a drefnodd y rali fwyaf oll yn y gyfres. Yn y digwyddiad anferthol hwnnw Helen Prosser oedd yn siarad ar ran Cymdeithas yr Iaith. Roedd hi wedi chwarae rhan amlwg iawn yn yr ymgyrch ers ei dyddiau coleg yn Aberystwyth. Bellach roedd hi'n gweithio fel tiwtor ail-iaith yn Abertawe. Ond yr hyn y mae rhywun yn ei gofio yw'r geiriau a ddywedwyd amdani yn Saesneg wrth i Hywel Teifi ei chyflwyno i'r dorf – 'She descended on Swansea like a shower of meteoroids.' Geiriau oedd yn cyfleu ei phersonoliaeth i'r dim.

Un arall a gymerodd ran yn y rali honno oedd yr Aelod Seneddol Rhodri Morgan. Ond fe ddeuem yn llawer mwy cyfarwydd ag ef yn y dyfodol.

Ein prif gocyn hitio gwleidyddol yn yr wythdegau a'r nawdegau cynnar oedd Wyn Roberts. Dilynem y creadur i bob twll a chornel. Rhedem ar ei ôl ar Faes yr Eisteddfod, bu i ni feddiannu ei swyddfa etholaeth, ac arhosem amdano, boed haul, boed hindda, y tu allan i bob adeilad a swyddfa yng Nghymru y digwyddai

ymweld â hwy. Wn i ddim beth oedd barn Margaret Thatcher am ei Gweinidog yng Nghymru, ond gan mai ef oedd â chyfrifoldeb dros yr iaith Gymraeg yr oedd ar flaen meddwl y Gymdeithas trwy'r amser.

Ond yr hyn y byddai'r Gymdeithas yn ei gofio, heblaw am sefydlu S4C ac ymddangosiad a diflaniad y Pwyllgor Datblygu Addysg Gymraeg, fyddai cyfnod o brotest a gwrthdaro yn erbyn un o'r llywodraethau mwyaf milain ac adweithiol yn hanes diweddar Prydain.

Yn hytrach na hyrwyddo 'dilysrwydd cyfartal' byddai Deddf Iaith 1993 yn cynnal 'sail cydraddoldeb' fel egwyddor sylfaenol. Byddai hawl i ddefnyddio'r Gymraeg mewn llysoedd hefyd. Ond efallai mai rhoi statws statudol i Fwrdd yr Iaith Gymraeg oedd y peth pwysicaf a wnaeth y Ddeddf.

Fe bleidleisiodd Aelodau Seneddol Plaid Cymru yn erbyn y Mesur Iaith pan aeth trwy'r Senedd. Ymatal wnaeth y Blaid Lafur. Wrth siarad yn y Tŷ fe ddywedodd Rhodri Morgan, oedd yn arwain y ddadl ar ran yr wrthblaid, mai mesur i sefydlu cwango oedd y Mesur Iaith ac y byddai llywodraeth Lafur, pan ddeuai'r cyfle, yn ei wella a'i gryfhau. Roedd y Gymdeithas yn fwy na pharod i'w atgoffa o'r geiriau hyn mewn blynyddoedd i ddod.

O dan Thatcher fe breifateiddiwyd mwyafrif y cyfleusterau cyhoeddus ac oherwydd hyn cafodd y Gymdeithas ei hun yn galw am Ddeddf fyddai'n ymestyn i'r sector breifat. Teimlid bod y Gymraeg yn cael ei hymylu ac yn mynd yn fwy amherthnasol bob dydd mewn byd oedd yn cael ei reoli gan gorfforaethau mawrion. Roedd y Bwrdd Iaith hefyd yn cael ei weld fel 'rhwystr' rhag cryfhau'r Ddeddf a gafwyd. Byddai protestiadau'r Gymdeithas tros y blynyddoedd nesaf yn canolbwyntio ar y Bwrdd Iaith a'r sector breifat.

I ganol hyn i gyd fe ddaeth Refferendwm 1997 a sefydlu'r Cynulliad Cenedlaethol. Aeth y Gymdeithas ati yn ddiymdroi i frwydro dros le y Gymraeg yn y sefydliad gwleidyddol newydd a galw am gryfhau'r Ddeddf Iaith oedd gennym; ac fe gychwynnwyd ar y gwaith o atgoffa Rhodri Morgan o'i eiriau, gerbron y Senedd yn 1992, am ei fwriad ef a'i lywodraeth i gryfhau'r Ddeddf pan ddeuai'r cyfle.

Aed â'r neges at Tom Middlehurst, y Gweinidog cyntaf dan y drefn newydd i fod â chyfrifoldeb dros y Gymraeg. Sefydlodd hwnnw arolwg a arweiniodd at *Iaith Pawb*.

Bu protestiadau'r Gymdeithas ar Faes yr Eisteddfod yn rhai cymharol dawel yn y blynyddoedd cynnar wedi sefydlu'r Cynulliad. Newidiodd hyn yn 2005 pan gafodd Rhodri Morgan driniaeth nid annhebyg i Wyn Roberts gynt. Wrth i'r Gymdeithas ei ddilyn o gwmpas y Maes a'i amgylchynu fe'i clywid yn yngan 'boring, boring, boring' wrth i'r siant yn galw am Ddeddf Iaith gynyddu. Yn Eisteddfod Genedlaethol 2006 byddai'r Gymdeithas yn meddiannu pabell y Blaid Lafur gan ennyn llid Betty Williams, Aelod Seneddol Conwy.

Yr alwad yn awr oedd am Ddeddf Iaith berthnasol i'r unfed ganrif ar hugain. Nid yn unig un yn ymestyn i'r sector breifat ond un a fyddai'n cymryd i ystyriaeth y datblygiadau ym maes technoleg gwybodaeth. Daeth cwmnïau ffonau symudol, y gallu i wneud eich busnes ariannol ar-lein a lle'r Gymraeg mewn archfarchnadoedd yn rhan o'r drafodaeth.

Yn ystod y blynyddoedd hyn fe gyhoeddodd y Gymdeithas ei dogfen fwyaf cynhwysfawr ar Ddeddf Iaith, *Mesur Iaith Gymraeg 2007*, a chafwyd cyngor gwerthfawr gan Dewi Watkin Powell a Gwilym Prys Davies wrth ei llunio. Gelwid am gydnabod y Gymraeg fel priod iaith Cymru: dylai gael statws swyddogol. Pwysleisid yr hawl i wasanaethau yn y Gymraeg, yr hawl i weithio yn y Gymraeg a'r hawl i addysg Gymraeg. Mae yna wedyn alw am sefydlu Comisiynydd Iaith Cymru a Chyngor yr Iaith Gymraeg. Gwaith y Cyngor fyddai hybu'r Gymraeg ym mhob dull a modd.

Mae'n rhaid dweud mai araf iawn y symudodd pethau yng nghyfnod Alun Pugh fel Gweinidog â chyfrifoldeb dros yr iaith. Bu mwy o brotestio ar Faes yr Eisteddfod, a grymusodd yr ymgyrch dorcyfraith yn erbyn y sector breifat. Fe aed ati, fel yn yr wythdegau, i beintio sloganau ar waliau'r Swyddfa Gymreig, a oedd erbyn hyn yn gartre i Lywodraeth Cymru. Fe fyddai'r momentwm torcyfraith yn cynyddu ac yn arwain at garcharu Gwenno Teifi, Ffred Ffransis, Osian Jones a Jamie Bevan.

Yna daeth y glymblaid rhwng Plaid Cymru a'r Blaid Lafur. Roedd Mesur Iaith ar yr agenda unwaith eto.

Dyma pryd y cyfyd yr anghenfil, Gorchymyn Arfaethedig Cynulliad Cenedlaethol Cymru (Cymhwysedd Deddfwriaethol) (Yr Iaith Gymraeg), ei ben a tharfu ar ein cwsg. Roedd yn rhaid wrth ganiatâd Llundain cyn y gallai Caerdydd basio Mesur Iaith nac unrhyw fesur arall. Teithiodd y Gymdeithas yn ôl ac ymlaen rhwng Caerdydd a Llundain yn dadlau ei hachos gan bwyso hefyd am drosglwyddo'r cyfrifoldeb dros ddeddfu yn uniongyrchol i'r Bae. Dadleuwyd yr achos gennym gerbron Comisiwn Richard ac fe dyfodd consensws cryf yng Nghymru mai yma y dylai unrhyw ddeddfu ddigwydd.

Sicrhawyd yr hawl i ddeddfu yng Nghymru ac fe gafwyd Mesur y Gymraeg Cymru (2011). Mae'n ddiddorol sylwi mai Mesurau ac nid Deddfau sy'n cael eu pasio gan y Cynulliad Cenedlaethol. Mae'r Mesur hwn yn datgan yn glir fod statws swyddogol i'r Gymraeg yng Nghymru. Cafodd swydd Comisiynydd y Gymraeg ei sefydlu hefyd a bydd ganddo'r pŵer i hyrwyddo a hwyluso'r defnydd o'r Gymraeg a cheisio sicrhau nad yw'r Gymraeg yn cael ei thrin mewn ffordd llai ffafriol na'r Saesneg. Un o weithredoedd cyntaf y Gymdeithas oedd cyflwyno Llyfr Du i'r Comisiynydd yn cynnwys rhestr hir o gŵynion am ddiffyg gwasanaeth Cymraeg yn y sector breifat, y sector gyhoeddus, yn y cyfryngau a'r sector wirfoddol.

Nid fod sicrhau'r Mesur Iaith wedi dod â'r ymgyrchu i ben. Yn ddiweddar gwrthododd y Gweinidog gymeradwyo'r safonau iaith drafft a gyhoeddwyd gan Gomisiynydd y Gymraeg. Mae yna deimlad fod yna ormod o oedi ers pasio'r Mesur a bod y defnydd o'r Gymraeg yn lleihau mewn sefydliadau fel y banciau a Swyddfa'r Post. Gofid pellach yw ffigyrau Cyfrifiad 2011. Rhaid i ni felly sicrhau hawliau pendant fydd yn galluogi pobl Cymru i ddefnyddio'r Gymraeg. Mae hyn yn cynnwys yr hawl i weithio yn Gymraeg, yr hawl i ofal iechyd yn Gymraeg a'r hawl i fywyd yn Gymraeg i'n pobl ifanc y tu fas i'r ysgol.

Dafydd Morgan Lewis

Ym Mehefin 1996 gorfodwyd y Frenhines i ganslo ei hymweliad â Phrifysgol Aberystwyth yn dilyn protest gan tua 200 o aelodau UMCA. Roedd y Frenhines i fod i agor rhan newydd o'r campws. Tybir mai dyma'r tro cyntaf erioed iddi orfod rhoi'r gorau i ymweliad swyddogol. 'Syr Derec' y faner yw'r Athro Derec Llwyd Morgan, oedd yn Brifathro Prifysgol Cymru Aberystwyth ar y pryd. (Gerallt Llewelyn)

Cynhaliwyd y brotest ger yr adeilad newydd wrth i 50 o blismyn geisio cadw'r myfyrwyr draw. Penderfynwyd bod y sefyllfa'n rhy beryglus ac fe gynghorwyd y Frenhines gan yr heddlu i beidio parhau â'i hymweliad. (Gerallt Llewelyn)

Yn y llun yma gwelir Geraint Jones o Gylch yr Iaith, ac un o weithredwyr cyntaf Cymdeithas yr Iaith, yn protestio y tu allan i Ganolfan y BBC ym Mangor. Nod pennaf Cylch yr Iaith yw ceisio 'sicrhau bod y cyfryngau, yn hytrach na thanseilio a dinistrio'r iaith, yn chwarae eu rhan i'w gwneud yn iaith fyw, fodern'. Yr ysgogiad pennaf i sefydlu'r Cylch oedd yr hyn a welid fel dirywiad safon y Gymraeg ar y cyfryngau, a Radio Cymru ac S4C yn arbennig. Yn y llun hefyd (ar y chwith) mae'r ymgyrchydd a'r trefnydd gwleidyddol profiadol Elfed Roberts. (Gerallt Llewelyn)

'Cysgu!' – Gwion Hallam yn cysgu dan gynfas o ffotograffau eiconig. Protest yn Eisteddfod Genedlaethol Dinbych, 2001, oedd hon lle'r aeth Cymdeithas yr Iaith o gwmpas stondinau'r pleidiau gwleidyddol – thema'r ymgyrch oedd 'Deffrwch!' (Marian Delyth)

Pwy sy'n tynnu llun pwy? Peintio slogan ar wal archfarchnad Somerfield i alw am ymestyn pwerau'r Ddeddf Iaith i'r sector breifat, 9 Chwefror 2002. (Marian Delyth)

Angharad Clwyd yn addurno adeilad cwmni Halifax, Mawrth 2003. Ar y diwrnod y dadorchuddiwyd plac ar Bont Trefechan i goffáu protest dorfol gyntaf y Gymdeithas, fe gynhaliwyd gorymdaith drwy dref Aberystwyth ac fe beintiwyd sloganau ar rai o'r busnesau preifat yn galw am Ddeddf Iaith. Cyngor Tref Aberystwyth oedd wedi penderfynu codi'r plac ar y bont. (Marian Delyth)

Cafodd uned y Blaid Lafur yn Eisteddfod Genedlaethol Abertawe, 2006, ei meddiannu gan tua 30 o aelodau'r Gymdeithas fel rhan o'r ymgyrch dros Ddeddf Iaith. Yn y llun fe welir Paul Flynn, Aelod Seneddol Gorllewin Casnewydd, a Betty Williams, Aelod Seneddol Conwy, oedd â gofal am yr uned ar y pryd. Bu Paul Flynn yn un o'r Aelodau Seneddol Llafur hynny a roddodd gefnogaeth gyson i ymgyrchoedd Cymdeithas yr Iaith dros y blynyddoedd. (Marian Delyth)

Cael ei gario ar ysgwyddau llydan –
Ray Davies, un o selogion
protestiadau iaith ac aelod o Gôr
Cochion Caerdydd, yn cario ei ŵyr yn
yr Eisteddfod Genedlaethol, 2006.
(Marian Delyth)

Ar y bws – protest yn Eisteddfod Genedlaethol Sir y Fflint, 2007. (Marian Delyth)

Y Fari Lwyd yn gorffwys ar wal adeilad Llywodraeth Cymru, Parc Cathays, ar ôl Rali Hen Galan Cymdeithas yr Iaith, Caerdydd, Ionawr 2009. (Jeff Morgan)

O ddifri dros y Gymraeg, Caerdydd, 2009.
(Jeff Morgan)

Rali olaf Hywel Teifi. Cynhaliwyd y rali yma gan Gymdeithas yr Iaith y tu allan i adeilad y Senedd yng Nghaerdydd ar 16 Mai 2009. Pwrpas y rali oedd pwyso am drosglwyddo'r pwerau deddfu yn ymwneud â'r iaith Gymraeg o Lundain i Gaerdydd. Yn y llun cawn gip ar Catrin Dafydd, Adam Price, Aelod Seneddol Dwyrain Caerfyrddin a Dinefwr, Osian Jones, Swyddog Maes y Gymdeithas yng ngogledd Cymru, Hywel Teifi Edwards a Bethan Williams. Fe siaradodd Hywel Teifi Edwards yn gyson iawn yn ralïau'r Gymdeithas tros y blynyddoedd. Hwn fyddai'r tro olaf iddo wneud hynny cyn ei farwolaeth. (Marian Delyth)

Baner ar lan Llyn Tryweryn, haf 2010, yn gwrthwynebu bwriad Cyngor Gwynedd i gau Ysgol y Parc. Rhestrir enwau'r ffermydd a gollwyd pan foddwyd Cwm Celyn. (Marian Delyth)

'Cymru i'n Plant'. Meddiannu uned Llywodraeth Cymru, Eisteddfod Genedlaethol Glynebwy, 2010. Dros y blynyddoedd fe ddaeth protestiadau'r Gymdeithas yn yr Eisteddfod Genedlaethol yn ddigwyddiadau mwy cyson na seremonïau'r Orsedd. Cyrhaeddodd y protestiadau uchafbwynt yn Eisteddfod Genedlaethol y Rhyl, 1985, pan faluriwyd uned y Swyddfa Gymreig. Yn dilyn y brotest honno ni ddaeth y Swyddfa Gymreig ag uned i'r Eisteddfod Genedlaethol tan 1997. Aeth nifer o flynyddoedd heibio cyn i'r Gymdeithas ddechrau targedu uned Llywodraeth Cymru ar y Maes ond erbyn 2010 daeth yn fwy cyffredin, er na fu'r protestiadau hyn erioed mor ffyrnig â'r rhai yn erbyn uned y Swyddfa Gymreig cyn datganoli. Mae Deddf Iaith, neu Fesur Iaith, wedi bod yn un o ofynion y Gymdeithas o'r cychwyn. Yn y llun hwn fe welir Bethan Williams a Menna Machreth, arweinwyr yr ymgyrch yn y blynyddoedd hynny. (Marian Delyth)

'Na i'r Toriadau, Ie i S4C Newydd' – rhan o'r dorf mewn rali anferth yn galw am achub S4C pan fygythiwyd ei chyllid a'i hannibyniaeth, Parc Cathays, Caerdydd, Tachwedd 2010. Yn Hydref 2010 cyhoeddodd Llywodraeth Llundain y byddai'r cyfrifoldeb am ariannu S4C yn cael ei drosglwyddo i'r BBC. Gwelwyd hyn fel bygythiad difrifol i fodolaeth S4C fel corff darlledu Cymraeg annibynnol, a threfnwyd cyfarfod torfol mawr yng Nghaerdydd i brotestio yn erbyn y penderfyniad. Dyma un o'r ralïau mwyaf a drefnwyd gan y Gymdeithas erioed. (Jeff Morgan)

Paul Flynn, Aelod Seneddol Llafur Dwyrain Casnewydd, un o'r siaradwyr yn y rali, yn gwrando ar yr areithiau a thynnu lluniau ei hun yn Rali Achub S4C y tu allan i adeiladau Llywodraeth Cymru ym Mharc Cathays, 2010. (Jeff Morgan)

Ieuan Wyn Jones, Aelod Cynulliad Plaid Cymru Ynys Môn a Dirprwy Brif Weinidog Cymru, yn Rali Achub S4C ym Mharc Cathays, 2010. (Jeff Morgan)

Eileen Beasley ar adeg ei hanrhydeddu gan Gymdeithas yr Iaith yn 2006. Ystyrir safiad di-ildio Eileen a Trefor Beasley yn erbyn Cyngor Dosbarth Llanelli yn un o'r digwyddiadau mwyaf dylanwadol ar ddatblygiad ymgyrchoedd anufudd-dod sifil dros y Gymraeg. Bu gŵr Eileen, Trefor, yn gefn iddi trwy gydol y cyfnod hwn a bu yntau hefyd yn weithgar yn y mudiad cenedlaethol trwy gydol ei oes. (Marian Delyth)

Pabell wag teulu'r Beasleys, Eisteddfod Bro Morgannwg, Awst 2012. Ar achlysur 50 mlynedd ers sefydlu Cymdeithas yr Iaith, cafwyd pabell wag ar Faes Eisteddfod Bro Morgannwg i gofio eu safiad. Gwrthododd y Beasleys dalu'r dreth oni bai eu bod yn cael ffurflenni Cymraeg. Buont yn y llys 16 gwaith a bu'r bwmbeilïaid yn eu cartref bedair gwaith, gan fynd â llawer o'u dodrefn o'r tŷ. Ar ôl wyth mlynedd o ymgyrchu enillasant eu brwydr a rhoddwyd papur treth dwyieithog iddynt yn 1960. (Marian Delyth)

Cyn-gadeiryddion Cymdeithas yr Iaith yn dathlu pen-blwydd y Gymdeithas yn 50 oed, Eisteddfod Bro Morgannwg, 2012. O'r chwith: Bethan Williams (2010–12), Sian Howys (1989–90), Gareth Miles (1966–68), Karl Davies (1984–85), Branwen Niclas (1997–99), Cynog Dafis (1965–66) ac Aled Davies (1993–94 a 2001–02). (Marian Delyth)

Meredydd Evans yn gwneud ei bwynt mewn cyfarfod yn nathliadau Hanner Cant Cymdeithas yr Iaith, Pontrhydfendigaid, Gorffennaf 2012. (Marian Delyth)

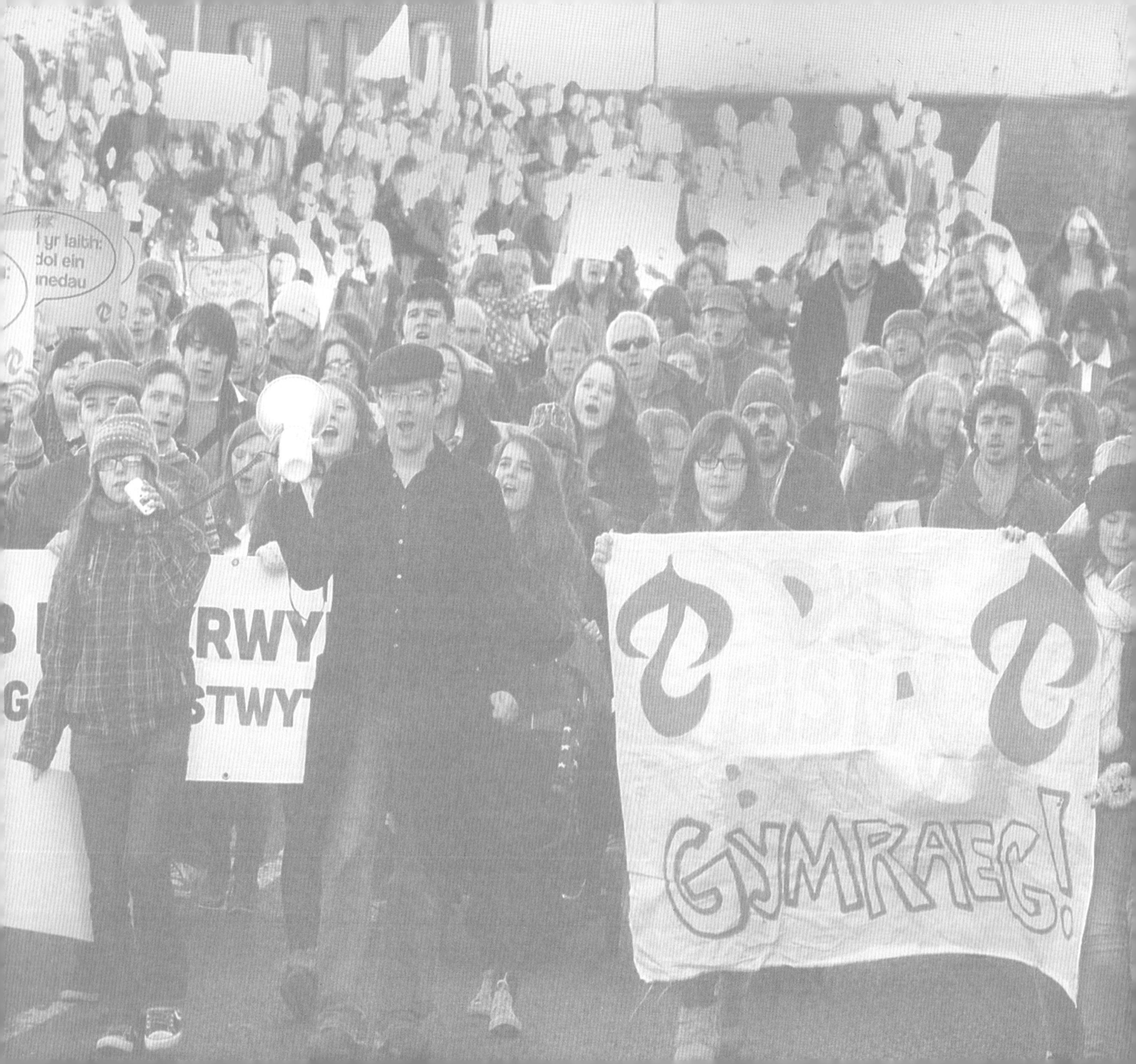
l yr Iaith:
dol ein
nedau
B RWY
G STWYT
GYMRAEG!

'YN ÔL I'R DECHRAU'

PONT TREFECHAN, 2013

Yn dilyn cyhoeddi canlyniadau siomedig Cyfrifiad 2011 cynhaliodd Cymdeithas yr Iaith gyfres o ralïau ar ddiwedd 2012 a dechrau 2013 i ddwyn pwysau ar Lywodraeth Cymru i weithredu o blaid y Gymraeg ac i ddiogelu cymunedau Cymraeg yn benodol. Uchafbwynt y cyfarfodydd torfol hyn oedd Rali Cofio Trefechan ar 2 Chwefror i nodi hanner canrif ers y brotest gyntaf.

TREFECHAN BRIDGE, 2013

Following the disappointing results of the 2011 Census – which showed a fall in the number of Welsh speakers and a serious decline in the number of Welsh-speaking communities – Cymdeithas yr Iaith organised a series of rallies to bring pressure on the Government to act on behalf of the Welsh language and to protect Welsh-speaking communities for the future. The culmination of these protests was a rally to commemorate that historical first protest at Trefechan Bridge on 2 February 1963.

DWEUD STORI MEWN LLUN

Roedd hi'n bnawn Sadwrn llwyd ac oer a minnau'n ceisio cysgodi ar risiau'r Senedd, gore gallwn i, rhag y gwynt milain oedd yn chwipio i mewn o'r Bae. Roeddwn wedi cyrraedd yn gynnar i rali oedd yn cael ei chynnal gan y Gymdeithas yng Nghaerdydd ym mis Mai 2009. Dyma Hywel Teifi yn ymlwybro draw ataf i gysgodi – y cap ar ei ben wedi ei dynnu i lawr yn isel i gynnig rhywfaint o gysur i'w lygaid. 'Wel, dyma ni 'ma 'to, 'te – i ddweud yr un hen eirie. Oes rhywun yn gwrando, gwêd? A diawl, ma'r hen Aaarrsynal yn whare pnawn 'ma!'

Chofia i ddim pa dîm oedd y gwrthwynebwyr ond gallwn gydymdeimlo gyda'r cawr oedd wedi teithio yno o Langennech i annerch ac i gefnogi'r achos. Siawns na haeddai gael pnawn hamddenol mewn slipars cynnes yn gwylio neu wrando ar y gêm. Ei argyhoeddiad a'i ymroddiad oedd wedi ei ysgogi unwaith eto i gerdded yr ail filltir, fel llawer wyneb cyfarwydd arall oedd i'w weld yn y dorf oedd bellach yn ymgasglu ar waelod y grisiau. Ychydig a feddyliais wrth dynnu lluniau ohono yn traethu gyda'i angerdd arferol mai dyna'r lluniau olaf y byddai'r camera yn eu

cofnodi ohono yn ei anterth, hynny ychydig fisoedd cyn ei farwolaeth. Dyna ddarlun mewn ychydig eiriau o bwysigrwydd y dasg o gofnodi. Mae ffotograffiaeth yn gyfrwng gweledol sy'n fodd i daenu'r neges yn y wasg ac ar y we – ydy, wrth gwrs – ond mae'n un sydd hefyd yn cadw'r chwedlau'n fyw ac yn 'adrodd y stori'. Dyna un rheswm pam yr wyf wedi treulio 40 mlynedd a mwy o fy mywyd yn cario ac yn trin camera. Rwy'n gweld fy hun mewn olyniaeth yn y grefft o ffotograffiaeth ddogfennol. Mae craffu ar luniau ffotograffwyr fel Geoff Charles, Ron Davies, Ray Daniel ac eraill, o gyfnod cynnar protestiadau Cymdeithas yr Iaith, yn ddifyr ac yn ysbrydoliaeth barhaus. Yn yr oes amlgyfryngol swnllyd, brysur yma mae yna le o hyd i lun llonydd sy'n hoelio ein sylw. Ennyd o fwrlwm gweithgaredd neu angerdd wedi ei rewi a'i gadw i'r oesoedd a ddêl.

O feddwl yn ôl at sgwrs Hywel, holais fy hun a oeddwn i yno i dynnu'r 'un hen luniau' hefyd. Wel, na – efallai fod mynychu protest weithiau yn debyg i brofiad *déjà vu*, ac mae yna ambell fainc neu wal yr wyf yn gyfarwydd iawn â'u dringo wrth chwilio am ongl wahanol i dynnu lluniau, ond does yna byth ddau achlysur yr un fath. Os bu'r neges yn gyfarwydd ar hyd y blynyddoedd, mae'r wynebau'n newid fel y mae cenhedlaeth newydd o bobl ifanc yn gafael yn yr awenau, y baneri a'r posteri'n amrywio a'r graffiti yn gyfoes grafog. Yr her wrth geisio adrodd stori mewn cyfrwng gweledol yw canfod elfen graffig gref, felly diolch i'r rhai sy'n creu ambell faner liwgar neu slogan bachog. Y rhwystredigaeth fwyaf i ffotograffydd yw cyrraedd gwrthdystiad a dim un baner na phoster yn y golwg yn unman. Ac wrth gofnodi rali fawr o filoedd yn y brifddinas neu ddyrnaid ffyddlon o ymgyrchwyr ar gornel stryd, yr un yw'r nod – canfod eiliad neu ddwy sy'n crisialu'r achlysur a chlicio'r camera. Mae ambell berl o lun yn deillio hefyd o dro trwstan neu ddiffyg cyfathrebu – ac mae angen y lluniau ysgafn sy'n codi gwên, gan y bu hwyl yn rhan annatod o hanes yr ymgyrchu ar hyd y blynyddoedd.

Mae'r lluniau o weithgaredd Cymdeithas yr Iaith yn rhan o archif ehangach sydd yn fy meddiant o ymgyrchoedd am gyfiawnder a hawliau dynol, yr amgylchedd ac o blaid heddwch – yma yng Nghymru a thu hwnt i'r ffin. 'Yr un yw baich gwerin byd,' chwedl Waldo, ac mae'n bwysig i mi bod delweddau o ymgyrchoedd yr iaith Gymraeg yn cael eu gweld ochr yn ochr â lluniau o frwydrau eraill, a'u gweld mewn cyd-destun rhyngwladol.

Yn y blynyddoedd diwethaf yma gwelsom newid yn yr hinsawdd wleidyddol yng Nghymru a chawsom hefyd chwyldro technolegol mewn ffotograffiaeth – un sydd wedi democrateiddio'r cyfrwng yn llwyr. Mae 'pawb bellach yn ffotograffydd', a da o beth yw gweld cynifer yn cofnodi. Does ond gobeithio bod y delweddau sydd mor hawdd i'w bachu a'u rhannu drwy gyfrwng y ffôn neu gamera bach yn cael eu cadw'n gydwybodol o ddiogel ar gyfer y dyfodol, 'fel y cadwer i'r oesoedd a ddêl' hanes yr ymgyrchoedd a fu.

Marian Delyth

Yr orymdaith i'r bont gyda Robin Farrar, Cadeirydd y Gymdeithas, yn arwain y dorf. (Marian Delyth)

Edward Millward dan faner Glyndŵr.
(Marian Delyth)

'Dw i am Gael fy Nhreftadaeth yn Ôl.'
(Marian Delyth)

Plismon a stiward. (Marian Delyth)

Gareth Miles yn areithio ar Bont Trefechan. Gellid dadlau mai protest a charchariad Gareth Miles, am wrthod gwŷs Saesneg ar ôl cael ei arestio am yrru beic modur yn anghyfreithlon yn 1962, oedd sbardun gwreiddiol holl brotestiadau torcyfraith Cymdeithas yr Iaith dros y degawdau wedyn. (Marian Delyth)

Gwilym Tudur yn Rali Cofio Trefechan. (Marian Delyth)

Angharad Tomos (gyda Ffred
Ffransis yn y cefndir).
(Marian Delyth)

Y dorf ar y bont. (Marian Delyth)

Pont Trefechan ar fore 2 Chwefror 2013. (Danny Grehan)

CYDNABYDDIAETH A DIOLCHIADAU

Rwy'n ddyledus iawn i lawer am eu cymorth hanfodol.

Defnyddir y lluniau a gynhwysir yn y gyfrol hon o gasgliadau Geoff Charles, Raymond Daniel a Chymdeithas yr Iaith trwy ganiatâd Llyfrgell Genedlaethol Cymru. Diolch hefyd i staff y Llyfrgell am eu hynawsedd a'u trylwyredd wrth gynorthwyo i ddod o hyd i'r ffotograffau yma.

Rwy'n ddiolchgar i bob ffotograffydd a deiliad hawlfraint am roi caniatâd i ddefnyddio eu lluniau, a charwn ddiolch yn benodol i Marian Delyth am ei hamynedd wrth i mi ddethol y lluniau ac i'r cyfranwyr eraill am eu hysgrifau difyr. Bu pob un ohonynt hefyd yn hael eu cymorth wrth bori drwy'r lluniau, a cheisio rhoi enw i sawl wyneb a digwyddiad. Ond o bawb, yr un y pwyswyd drymaf arno am ei wybodaeth drylwyr a gwybodus o ymgyrchoedd Cymdeithas yr Iaith dros y blynyddoedd oedd Dafydd Morgan Lewis. Byddai'r wybodaeth a roddir ynglŷn â chyd-destun y ffotograffau yn dipyn tlotach heb ei gyfraniad.

Bu Einion Tomos a'i gyd-weithwyr yn Archifdy Prifysgol Bangor yn garedig a gwybodus wrth fy rhoi ar ben ffordd gyda'r ffotograffau o brotestiadau UMCB, a rhoddodd Robat Trefor gymorth gwerthfawr wrth geisio canfod pwy, pryd a lle yn y lluniau hyn.

Mae fy niolch i Sion Ilar am y clawr a chynllun gweledol graenus y gyfrol ac i Richard Ceri Jones am ei waith dylunio manwl a chymen.

Yn olaf, rhaid canmol Meleri a Nia yn y Lolfa am lywio'r cyfan drwy'r wasg yn ddiffwdan, proffesiynol ac amyneddgar.

Os oes unrhyw fylchau neu wallau anfwriadol o ran enwau, lleoliadau a digwyddiadau yn y gyfrol hon, fy mai i yn llwyr yw hynny a neb arall!